이천년전 그들처럼

이천년전 그들처럼

돈 에버츠 지음 · 강봉재 옮김

Ivp

한국기독학생회(IVF : InterVarsity Christian Fellowship)는
'캠퍼스와 세상 속의 하나님 나라 운동'을 비전으로
'캠퍼스 복음화, 기독 학사 운동, 세계 선교'를 사명으로 삼고 있는
초교파적, 복음적인 신앙 운동체입니다.

IVF는 전국 각 대학에서 활동하고 있으며
이에 대한 자세한 사항은
100-619 서울중앙우체국 사서함 1960호 IVF
(전화 333-7363)로 문의해 주시기 바랍니다.

IVP는 InterVarsity Press의 약어로
한국기독학생회(IVF)의 출판부를 뜻합니다.

본서의 전부 혹은 일부는 서면 인가 없이 복사
(프린트 · 제록스 · 마스터 · 사진 및 기타)할 수 없습니다.

Originally published by InterVarsity Press
as *Getting Your Feet Dirty*
ⓒ 2007 by Don Everts
Translated by permission of InterVarsity Press
P. O. Box 1400, Downers Grove, IL 60515, U. S. A.

Korean Edition ⓒ 2008 by Korea InterVarsity Press
352-18 Seokyo-Dong, Mapo-Gu, Seoul 121-837 Korea

Getting Your Feet Dirty

A Down-to-Earth Look at Following Jesus

Don Everts

차례

서론: 분만실 방문을 환영한다 · 9

1부 탄생의 경이로움

1장 행동: 당시 무슨 일이 일어났는가? · 19

2장 소동: 술에 취한 겁니까? · 29

3장 이야기: 처음부터 다시 시작할 수 있는가? · 43

4장 부르심: 어디에 가입할 것인가? · 61

2부 살아 있다는 기쁨

5장 사도들의 가르침: 이천 년 동안 계속된 귓속말 잇기 · 85

6장 교제: 식탁의 영성 · 103

7장 성찬: 예수님 묵상하기 · 121

8장 기도: 하나님과 속삭임 주고받기 · 139

결론: 못다 한 이야기 · 157

이제 우리가 할 일은?: 교회에 주는 질문 · 165

서론
분만실 방문을 환영한다

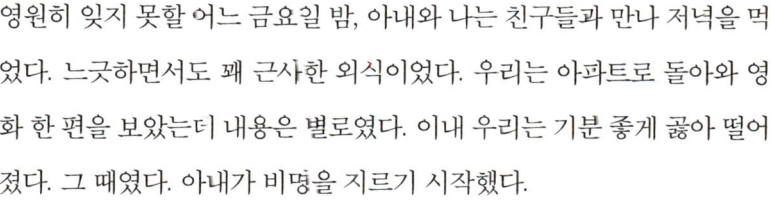

영원히 잊지 못할 어느 금요일 밤, 아내와 나는 친구들과 만나 저녁을 먹었다. 느긋하면서도 꽤 근사한 외식이었다. 우리는 아파트로 돌아와 영화 한 편을 보았는데 내용은 별로였다. 이내 우리는 기분 좋게 곯아 떨어졌다. 그 때였다. 아내가 비명을 지르기 시작했다.

아내는 임신중이었고 그것도 만삭이었다. 게다가 이번이 초산이라 둘 다 어찌할 바를 모르는데 기분은 하늘을 날 듯했다. 그래서 아내가 침대 위에서 심하게 몸부림치며 욕지거리를 하자 나는 임산부라면 으레 그런가 보다 하고 생각했다.

첫 아이 출산을 눈앞에 둔 남편이라면 한 손으로는 911에 전화하고 다른 손으로는 침대 위에 쏟아 놓은 이상한 액체를 닦아 내느라 땀 흘리는 게 당연하다고 생각했다. 그러면서 앞의 이 이상한 여자를 진정시키며, "여보, 이제 자궁 수축이 시작되려나 봐. 호흡법은 까먹지 않았겠지?"라고 재치 있게 말해 줘야 하는 것으로 알았다.

911 전화 교환원이 "전에 출산한 적이 있으신가요?"라고 물었을 때 나는 뭔가 이상하다는 걸 알아차렸다.

나는 잠시 뜸을 들이고는 이렇게 되물었다. "죄송하지만, 내가 전에 출산한 적이 있느냐고요?"

앞서 말했듯이 이 날은 내가 결코 잊지 못할 금요일이었다.

하지만 하늘이 무너져 내릴 듯이 걱정하지는 말라. 이것은 비극의 시작이 아니었으니까. 아마도 희극이라고 해야 할 것이다. 뭐가 됐든 그것이 R[Restricted: 17세 미만은 보호자의 동반이 필요한 준(準) 성인용 영화 등급—역주] 등급임은 확실하다. 그것은 탄생의 시작이었다. 우리의 첫 아이 사이몬은 이제 막 세상에 모습을 드러냈다. 무릇 대다수 탄생이 그러하듯 이 아기의 세상 입문 또한 너저분하고, 신나고, 고통스럽고, 우아하기까지 했다. 무릇 탄생이란 그렇지 아니한가.

아내가 악을 쓰기 시작한 지 얼추 스무 시간이 지났을까. 믿기지 않을 정도로 작은 생명체가 눈에 들어왔다. 순간 내 머릿속에선 지난 이십여 시간의 기억들이 새록새록 떠올랐다. 구급차의 화사한 인테리어, 분만실의 낯선 풍경, 우아하게 일그러진 아내의 얼굴 표정, 기다란 주사 바늘과 복잡한 관들, 차분하게 움직이는 간호사들 그리고…그리고 상상 외로 진한 체액 등. 이러한 이미지들이 머릿속을 스쳐 지나가는 가운데 나는 이 미물을 뚫어지게 쳐다보았고 이 모든 놀라운 광경 앞에 입을 다물지 못했다.

탄생이 더없는 경이로움임을 내 두 눈으로 확인했다.

거듭나기

그런데 그 금요일 밤이 예수님과 무슨 관계가 있다는 것인가? 당신도 알다시피 니고데모라는 사람이 어느 날 예수님을 찾아갔다(요 3장). 니고데모는 유대교 관원으로 영향력이 센 인물이었다. 치렁치렁한 옷에 수염을 덥수룩하게 길렀지만 그는 우리 대다수와 아주 비슷했다. 예수라는 인물에 호기심이 느껴져 그를 좀더 알고 싶어한다는 점에서 말이다.

어쩌면 니고데모는 예수님의 혁명가적 자세를 간파했고, 그분의 반문화적 가르침을 들었으며, 또한 가난한 자들과 밑바닥 인생들을 따뜻하게 감싸는 모습을 목격했을지도 모른다. 어찌 됐든 우리처럼 니고데모는 예수님을 눈여겨보지 않을 수 없었다. 그리고 대부분처럼 예수님의 제자가 된다면 어떻게 될지 궁금했다. 더없이 훌륭한 이 사람을 따르느라 모든 것을 버리고 산전수전 다 겪으면 어떻게 될지도 궁금했다.

그리하여 예수님을 찾아가는 니고데모의 머릿속에서는 온갖 무언의 질문들이 맴돌고 있었다. '예수님, 당신은 대체 어떤 분입니까? 당신은 하나님입니까? 누군가 당신을 따르고자 한다면 어떻게 해야 할까요? 제가 당신을 따라나선다면 무슨 일이 생깁니까? 당신은 제가 모든 걸 버리고 따를 만한 가치가 있는 분입니까? 제가 당신을 따른다면 저 역시 산전수전 다 겪게 될까요?'

(동료들이 아는 것을 원치 않았을) 니고데모는 밤중에 예수님을 찾아가 온갖 고민을 쏟아냈다. 니고데모가 말문을 열기 시작할 때부터 예수님은 그의 눈을 정면으로 바라보면서 이렇게 말씀하셨다. "니고데모여, 누구든지 거듭나지 않으면 하나님 나라를 볼 수 없다."

거듭나다니? 니고데모는 어안이 벙벙했다. 지금 나한테 농담하시나? 방금 한 이야기는 이 분의 또 다른 비유인가? 니고데모는 예수님을 빤히 쳐다보면서 이렇게 물었다. "사람이 완전히 자란 뒤에 어떻게 다시 태어날 수 있겠습니까? 어머니 뱃속에 다시 들어갔다가 태어날 수야 없지 않습니까?"

예수님은 명쾌하게 설명하신다. "성령으로 거듭나야 한다. 육으로 난 것은 육이다. 니고데모여, 그대는 성령으로 거듭나야 한다." 그러면서 예수님은 니고데모가 자신을 따르는 사람으로 완전히 거듭나도록 그를 기쁘게 맞이하셨다.

'육으로' 태어난다는 것에 대해선 나도 좀 안다. 아내가 비명을 질렀던 금요일 밤이 아직도 생생하게 기억나기 때문이다. 그리고 사이몬의 탄생을 두고 말하건대 육으로 난다는 것은 **경이로움**(wonder)이라고 나는 자신 있게 말할 수 있다. 그것은 두렵고 당혹스럽고 흥분되고 엄숙하고 신비한 일이다 궁극적으로는 절대적 불가사의다.

그런데 성령으로 거듭난다는 것은 과연 무엇인가? 예수님이 니고데모에게 하신 말씀의 초점은 정확히 무엇이었는가? 예수님을 따르는 자로 거듭난다는 것은 과연 무엇인가? 그것은 한낱 감상에 불과한가? 이처럼 거듭나면 예배 중에 제단으로 나오라는 부름에 반응하거나, 강에서 세례를 받거나, 아니면 천상의 소리를 듣는 일이 반드시 뒤따르는가? 그것은 성가신 일인가? 이제 의문 따위는 더 이상 없는 척해야 하나?

매우 중요한, 그래서 어느 것 하나 소홀히 할 수 없는 질문들이다.

이 질문들에 대한 명확한 답을 얼마간 찾고자 한다면 거듭나 예수님을 따르게 된 몇몇 사람들을 눈여겨볼 것을 제안한다. 아무튼 우리 부부가 참석했던 출산 강좌는 훌륭했지만 그것은 실제 분만실에서 사이몬이 웬디의 자궁에서 빠져나오는 것을 지켜본 일에 비할 바 아니다. 출산 강좌에서 들었던 이론 나부랭이는 벌써 기억이 가물가물하다. 하지만 분만실에서 일어난 사건은 결코 잊을 수 없다.

삼천 명의 갓난아이들

이제 타임머신을 타고 과거로 떠나 보자. 때는 거의 이천 년 전, 장소는 예루살렘, 사건은 기독교 역사상 최초일 것으로 여겨지는 예배다. 그 날 삼천 명의 사람들에게 어떤 일이 일어났다. 모두가 성령으로 태어난 것이다.

예수님의 제자가 된다는 게 무엇인지 진지하게 고민한다면, 그 날 일어난 일을 자세히 살펴보는 것만큼 적절한 대안은 없다는 생각이 든다. 당신 손에 들린 이 작은 책자는 그 날 일어난 일을 지속적이면서도 꼼꼼하게 살펴볼 것이다.

이 사건은 사도행전이라 불리는 성경의 2장에 기록되어 있다. 사도행전 2장을 읽으면 우리가 어떤 놀랄 만한 사건을 맨 앞줄에서 지켜보는 것 같다. 그것은 성령으로 거듭난 사람들이 바로 우리 눈앞에서 예수님을 따르는 자로 탈바꿈하는 사건이다.

저 삼천 명에 대한 이야기는 우리가 아닌 그들의 이야기다. 하지만 그 이야기는 눈여겨볼 가치가 있다. 우리는 그 날 일어난 사건을 한동안 우리 손에 놓고 뚫어지게 응시하고 거침없이 질문을 던질 수 있다. 마침내 그 '분만실'을 나오면서 그리스도인이 된다는 것이 어떤 의미인지를 좀 더 명확히 이해할 수 있게 된다.

이 책의 제1부 '탄생의 경이로움'에서는 군중 속의 여느 사람들과 다를 바 없던 삼천 명의 사람들이 예수님을 따르면서 아주 새로운 사람들로 변신하는 과정을 살펴본다. 그들이 거듭나는 과정을 눈여겨본다면, 예수님께 마음이 끌리면서도 그분을 따른다는 것이 어떤 의미인지를 모르는 우리 같은 사람들에게 퍽 도움이 될 것이다. 거듭나는 과정이 궁금하다면 사도행전의 처음 넉 장에 유달리 관심이 갈 것이다.

제2부 '살아 있다는 기쁨'에서는 삼천 명의 사람들이 성령으로 거듭난 후 그들의 삶이 어떻게 달라졌는지 살펴본다. 그들의 삶은 예전과 달라졌다. 그리고 예수님의 제자가 된 후 그들의 인생관이 어떻게 바뀌었는지 살펴보는 일도 흥미로울 것이다. 제2부의 마지막 넉 장은 우리 가운데 단순히 호기심에 찬 이들뿐 아니라 이미 그리스도인이 되어 장차 받을 보상이 무엇인지 알고 싶어하는 이들에게도 도움이 될 것이다.*

그리고 이 책 맨 뒷부분에 그리스도인들이 간혹 분만실에서 곤란한 일을 겪을 경우 좀더 현명하게 대처할 수 있도록 짤막한 항목을 마련했다. 만일 당신이 그들 중 하나라면 이 책의 핵심인 제1부와 2부를 건너뛰고 마지막 장('이제 우리가 할 일은?')으로 직행하는 게 유익할 것이다.

우리는 아주 느긋하게 제1부와 2부를 훑어 나갈 생각이다. 길을 가다가 잠시 쉬면서 질문을 던지기도 하고, 세부 사항을 눈여겨보기도 하며, 우리 삶을 돌아보기도 할 것이다. 바라건대, 이 책을 덮을 무렵 산전수전

---

* 우리는 제1부와 2부에서 그 날 일어난 사건에 대한 옛 기록을 살펴볼 것이다. 거의 이십 세기 전에 작성된 이 기록은 모진 세월을 이겨내고 지금껏 보존되어 왔으며 최근에 이르러서야 현대 영어로 번역되었다. 여러분은 사도행전이라 불리는 이 기록의 사본을 신약 성경의 어느 번역본에서든 발견할 수 있다. 나는 성경을 참조하거나 인용할 때 책 이름, 장, 절이라는 표준 표기법을 따랐다. 예를 들면, 행 2:1-3은 사도행전 2장 1절에서 3절까지를 일컫는다. 요 3장은 요한복음 3장 전체를 가리킨다.

다 겪으면서 예수님을 따른다는 것이 과연 어떤 의미인지를 모두가 좀 더 또렷이 이해했으면 한다.

　대기실에서 충분히 머물렀다. 이제 모두 손을 깨끗이 씻고 병원 가운으로 갈아입은 후 너저분하지만 놀라운 일이 펼쳐지는 분만실로 발걸음을 옮겨 보자.

1부
탄생의 경이로움

예수님은 말씀하셨다. 자신을 따르려면 성령으로
거듭나야 한다고.
그런데 맨 처음 그분을 따랐던 사람들은 정확히
어떻게 그처럼 거듭났을까?
그리고 거듭난다는 것은 오늘날 어떤 모습일까?

1장 행동
당시 무슨 일이 있어났는가?

최초의 삼천 명이 예수님을 따르면서 그분의 교회에 합류했다는 이야기는 실제 있었던 일이다. 그 이야기는 실화다. 역사 속에 살다간 실제 인물들에게 일어난 일이다. 예루살렘에 있었던 삼천 명의 사람들에게 무슨 일인가가 일어났다. 우리가 책에서 확인하고, 숙그하고, 곰곰이 생각하고, 질문할 수 있는 그런 일이….

하지만 여기서 분명히 짚고 넘어가자. 그 날 일어난 사건을 이처럼 대략 살펴보는 일이 도움이 되는 까닭은, **매번** 누군가가 그리스도인으로 거듭날 때마다 그 거듭남이 어떤 모습인지를 상세히 묘사하기 때문이 아니라, 우리로 하여금 사례 연구를 상세히 할 수 있도록 도와주기 때문이다. 이러한 연구는 우리에게 탄탄한 출발점이 된다.

우리는 이 사람들이 성령으로 거듭나는 모습을 지켜볼 수 있다. 예수님의 제자가 된다는 것이 어떤 의미인지에 대해서도 많이 배울 수 있다. 이를 통해 우리는 예수님이 니고데모에게 말씀하신 영적 탄생 과정을 이해할 수 있는 몇몇 수단과 언어를 확보하게 된다. 그리고 이러한 수단과 언어를 이용하면 마음속에 떠오르는 질문들을 좀더 효과적으로 제기할 수 있다.

우리는 그들의 이야기를 느긋하면서도 주의 깊게 읽고, 그 날 일어난 일을 하나하나 꼼꼼히 살펴볼 것이다. 그리고 그들의 체험에서 일반적인 부분(이는 모든 회심에 중요하다)과 독특한 부분(이후에 일어나는 회심이 어떻게 이전과 달라 보였고 앞으로도 계속 달라 보일 것인지)을 찾아낼 작정이다.

우리는 제자가 되는 길에 관해 예수님이 몸소 가르치신 바가 무엇인지, 나아가 그분의 가르침이 사도행전 2장의 이러한 사건들을 어떻게 조명하는지 살펴볼 것이다.

하지만 그러한 사항을 하나하나 밝히려면 찬찬히 들여다 봐야 한다. 우리는 그 날 일어난 사건의 전모를 처음부터 끝까지 들어야 한다.

● 장면 1: 소동

그 옛날, 예수님을 따르던 일단의 무리가 있었다. 몸으로 때우는 일을 하는 근로자들과 가난한 서민들이 대다수인 그들은 어떤 면에서 밑바닥 인생이었다. 베드로, 안드레, 야고보, 마리아, 이들은 모두 유대인이었고 유대 전통 의상을 입었다. 남자들은 턱수염을 길게 길렀고 하나같이 길고 헐거운 겉옷을 걸쳤다. 그들은 서로 아람어로 대화했는데 상당수는 지방 사투리를 썼다.

이 무리는 예루살렘이라는 도시에 함께 머물러 있었다. 바로 이 날, 그들은 큰 소동을 일으켰다. 정말, 큰 소동이었다. 그들은 하나님과 그분의 위대하심 그리고 그분이 예수님을 통해 성취하신 모든 일에 관해 말하기 시작했다. 하나님 이야기를 목이 터져라 말했다 그런데 그들은 어느 누구도 일찍이 공부한 적도 말해 본 적도 없는 온갖 방언(외국어)으로 (기적처럼) 열변을 토하고 있었다.

사람들이 하나 둘씩 모여들기 시작했다. 당연한 일이었다.

예루살렘 곳곳에 머물러 있던 사람들은 이 큰 소동에 대해 듣고는 대체 무슨 일인지, 소동을 일으킨 장본인이 누군지 궁금했다. 예루살렘은 인산인해를 이루었다. 그들은 중요한 절기를 지키기 위해 예루살렘에 와 있던 유대인 순례자들이었다. 세계 도처에서 온 그들은 천리 길도 마다하지 않았으며 온갖 문화적 장벽을 넘어 마침내 예루살렘에 도착했다. 미리암, 스데반, 니가노르, 실라, 디몬, 한나, 아브람 등. 이들을 비롯한 수천 명의 순례자들이 이 지역에 사는 작은 유대인 무리 곁으로 몰려들었다.

미리암은 남편 아자리야에게 시선을 돌렸다. 그러고는 군중이 하나같이 던진 바로 그 질문을 던졌다. "여보, 대체 무슨 소동일까요?"

아자리야는 어깨를 으쓱하고는 미리암을 빤히 쳐다보았다. 사람들이 점점 더 몰려들었다. 마침내 니가노르와 아브람을 비롯한 군중 속의 사람들은 어리둥절한 표정으로 서로를 쳐다보았다. "이게 대체 무슨 일이지? 어떻게 이 사람들이 이렇게 다양한 방언으로 말할 수 있지? 그들은 갈릴리 촌뜨기 아닌가? 저들이 자네 모국어로 말하는 게 들리지? 저들이 굳이 이런 식으로 하나님 이야기를 하는 까닭은 뭘까?"

군중은 모두 어안이 벙벙해졌고 할 말을 잃었다.

하지만 어리둥절해하던 몇몇 사람들은 이내 냉소적인 표정을 지었다. 아브람은 고개를 젓고는 누이 한나에게로 시선을 돌렸다. "한나, 저 사람들 말 좀 들어 봐. 술에 취한 게 틀림없어! 표정이 왜 저러지? 완전히 맛이 갔어! 실라, 저들의 혀 꼬부라진 노래 들리지?" 그러자 몇몇 사람들이 예수의 추종자들을 놀려대기 시작했다. 한나도 그들을 비웃었다. 실라와 그의 십대 친구들은 그들을 비아냥거리면서 말투를 흉내내기 시작했다.

하지만 상당수 군중은 코웃음치지 않았고 아직도 뭐가 뭔지 잘 모르겠다는 표정이었다. 그들은 정말이지 당황스러웠다. 지금껏 이런 일을 본 적도 들은 적도 없었다. 그래서 그들은 새로운 질문을 던졌다.

● 장면 2: 이야기

아자리야는 눈이 휘둥그레지면서 아내 미리암을 쳐다보았다. "여브, 이 모든 것이 대체 뭘 뜻할까?" 이 새로운 질문은 '그들이 어떻게 내 모국어로 말할 수 있을까?'라는 소동의 자초지종을 넘어서 '이 모든 것의 의미는 대체 무엇일까?'라는 좀더 깊은 차원으로 나아갔다.

마침내 밑바닥 인생들의 지도자 격인 베드로가 자리에서 일어났다. 그러더니 군중이 던진 질문에 쩌렁쩌렁한 목소리로 답했다.

베드로는 실라와 그의 친구들에게 시선을 돌리면서 이렇게 입을 열었다. "자, 다들 들으시오. 나는 이 소동이 뭔지 알고 있소. 여기 있는 사람들이 죄다 술에 취했다고 여러분이 성급히 결론 내린 까닭을 이해하오. 하지만 우리는 술에 취하지 않았소. 이 자리에서 술판을 벌인 사람은 아무도 없소. 이제 겨우 오전 아홉 시요."

일부 군중이 투덜거리자 베드로는 그들에게 현 상황을 설명했다. 일의 자초지종, 곧 예수님 이야기를 전부 들려주었다. 그는 예수님 이야기를 통해 별 볼 일 없는 이 예수 추종자들에게 무슨 일이 일어나고 있는지, 그들이 왜 저마다 소리 높여 다른 방언으로 하나님에 대해 이야기하고 있는지 설명해 주었다.

예수님에 대한 이야기는 오래 되었을 뿐 아니라(군중 모두가 익히 아는, 오래 전에 죽은 선지자들과 왕들과 관련된다) 최근의 일이기도 했다(그들 다수가 예루살렘에서 목격했던 사건들과 관련된다). 그 이야기는 신비로운 동시에 (역사, 영성, 하나님, 남녀, 기쁨, 영원, 현재 사건, 살인, 옛 예언을 아우를 만큼) 아주 명확했다 (지나치게 길지도 않고 두루뭉술하지도 않고 암호 같은 언어와도 무관하다).

베드로가 이야기를 끝내자 군중 속에 있던 사람들은 마음이 찔렸다. 찔림을 받은 것이다. 마음에.

베드로의 설교는 그들의 폐부를 찔렀다. 실라는 더 이상 비아냥거리지 않았다. 그의 친구들은 땅을 쳐다보며 생각에 잠겼다. 미리암이 남편을 힐끗 쳐다보는 순간 그들은 알겠다는 표정을 지었다. 아브람은 자신의 덥수룩한 턱수염을 어루만졌다. 대다수 군중이 예수님 이야기에 빠져들면서 마음이 찔렸다. 그들은 베드로를 비롯한 다른 예수 추종자들에게 시선을 향했다. 또 다른 질문을 던지기 위해.

 장면 3: 부르심

아브람은 주변 사람들을 둘러보았다. 그의 까칠까칠한 턱수염에서 눈물 몇 방울이 반짝였다. 마침내 그는 군중을 대변이라도 하듯 격앙된 목소리로 고민을 쏟아냈다. "베드로여, 형제들이여, 우리가 어떻게 하면 좋겠습니까?"

그러자 베드로가 아브람의 질문에 답했다. 베드로는 그들이 어떻게 해야 하는지를 아브람에게 (그리고 그와 마찬가지로 어리둥절해 있던 모든 사람에게) 설명했다.

아브람과 그의 주변 사람들을 빤히 쳐다보던 베드로가 입을 열었다. "여러분은 모두 회개하고 세례를 받으십시오. 메시아 예수의 이름으로 그렇게 하십시오. 여러분은 그분의 이야기를 들어서 알고 있습니다. 회개하고 세례를 받아 죄를 용서받으십시오. 그리하면 성령을 선물로 받을 것입니다."

치렁치렁한 옷을 걸친 남자들과 여자들은 말없이 베드로의 설교를 경청하고 있었다. 그의 설교가 계속되었다. "이 약속은 여러분에게 주어진 것입니다. 여러분 모두와 여러분의 자녀에게 주어진 것입니다. 나아가 예루살렘에서 멀리 떨어져 있는 사람들에게도 주어진 것입니다! 이 약속은 하나님이 부르시는 모든 사람에게 주어진 것입니다."

베드로의 설교는 끝난 게 아니었다. 그는 이 밖에도 많은 말로 증언하면서 실라와 그의 친구들과 군중 속의 다른 이들에게 단단히 일렀다. 베드로는 예수님 이야기가 더없이 중요하며, 그 이야기에 응답하는 것은 한시도 미룰 수 없는 중대한 일임을 일깨웠다. "잘못된 세대로부터 구원을 받으라"고 그는 권면하였다.

베드로의 메시지를 받아들인 사람들은 모두 회개하고 세례를 받았다. 그 날 예수님의 제자가 된 사람들은 어림잡아 삼천 명이나 되었다.

장면 4: 생명

한나, 실라, 아브람 그리고 대략 삼천 명이 회개하고 세례를 받았다. 그러자 그들의 마음속에 마지막 질문이 떠올랐다. "앞으로 어떻게 되는 거지?"

예수님을 따르는 이 새로운 무리는 이제 그분의 소유가 되었다. 그들은 거듭나서 하나님 나라의 백성이 되었다. 예수님을 왕으로 모시자 모든 게 달라지기 시작했다. 그들은 헌신하는 백성이 되었다. 그들은 줄곧 예수님을 따라다녔던 최초의 제자들이 베푼 가르침에 전념했다. 그들은 서로에게 헌신했다. 그들은 예수님이 최초의 제자들에게 이르신 대로 서로 빵을 떼는 일에 힘썼다. 그리고 그들은 하나님과 대화를 나누고 그분의 말씀을 듣는 일에 전념했다.

그들의 헌신에 친구들과 마을 사람들은 충격을 받았다. 누가 보더라도 실라는 여전히 실라였고, 한나는 여전히 한나였다. 하지만 어떤 일이 일어나면서부터 그들은 이전과 달라졌다. 몰라보게 달라진 것이다. 그들은 이제 예수님처럼 고난의 길을 가게 될 터였다.

그 후로 아브람과 니가노르와 사라와 실라 그리고 이 새로운 예수 추종자들의 삶은 행복과 기쁨과 고통과 놀람과 심오함 그리고 영원의 연속이었다.

이야기는 여기서 끝난다.

사례 연구에 따른 과제

자, 이제 시작이다. 그 날 이후 사람들에게 계속 변화가 일어났다. 예수 추종자들의 행동에 당혹감을 느꼈고, 그 모든 일에 함축된 의미를 들었고, 예수님 이야기를 들으면서 마음이 찔렸고, 회개하고 세례를 받았으며, 그 이야기를 믿는다는 것을 온 삶으로 보여 주었다.

사람들이 새로 예수님을 믿을 때마다 그분의 영은 계속 그들 위에 내려앉았다. 예수님의 제자들은 헌신하는 사람들로 속속 바뀌었다. 니고데모가 불가능하다고 여겼던 일이 현실로 나타났다. 사람들이 거듭난 것이다. 그리고 역사가 증명하듯이 예수님을 따르는 사람들이 모든 시대에 태어났다.

예외 사항이 있다. 삼천 명이 동시에 거듭나는 일은 흔치 않다는 사실. 그리고 예수님 이야기가 유대인들에게 아람어로만 들려진 것이 아니라는 사실. 그리고 더러 순서가 조금씩 달라지기도 한다는 사실. 그리고….

이제 우리는 다음 차례로 그 첫째 날 일어난 일을 더 꼼꼼히 살피면서 질문을 던지려 한다. 그 날 실라와 디몬과 니가노르와 다브람에게 무슨 일이 일어났는가? 그리고 예수님의 제자가 된다는 것이 무슨 의미인지를 우리 스스로 묻고 대답을 얻고자 할 때 이 사례 연구는 어떤 도움을 주는가?

2장 소동
술에 취한 겁니까?

우리의 사례 연구는 출발이 순조롭다. 하나님의 영이 모인 곳에 내려앉자 보잘것없는 그리스도인 무리가 큰 소리로 다른 방언을 말하기 시작한다. 대체 어찌된 일인지 궁금한 까닭에 사람들이 구름떼처럼 몰려든다.

오순절이 되어서, 그들은 모두 한 곳에 모였다. 그 때에 갑자기 세찬 바람이 부는 듯한 소리가 하늘에서 나더니 그들이 앉아 있는 온 집안을 가득 채웠다. 그리고 그들에게 불길이 솟아오르는 것과 같은 혀들이 갈래갈래 갈라지면서 나타나더니, 각 사람 위에 내려앉았다. 그들은 모두 성령으로 충만해서, 성령이 시키는 대로 각각 다른 방언으로 말하기 시작하였다.
예루살렘에는 경건한 유대 사람이 세계 각국으로부터 와서 살았다. 그런데 이런 말소리가 나니, 많은 사람이 모여 와서, 각각 자기네 지방의 말로 제자들이 말하는 것을 듣고서, 어리둥절하였다. 그들은 놀라서, 신기하게 여기며 말하였다. "보시오, 말하고 있는 이 사람들은 모두 갈릴리 사람이 아니오? 그런데 우리 모두가 저마다 태어난 지방의 말로 듣고 있으니, 어찌 된 일이오? 우리는 바대 사람과 메대 사람과 엘람 사람이고, 메소포타미아와 유대와 갑바도기아와 본도와 아시아와 브루기아와 밤빌리아와 이집트와 구레네 근처 리비아의 여러 지역에 사는 사람이고, 또 나그네로 머물고 있는 로마 사람과 유대 사람과 유대교에 개종한 사람과 크레타 사람과 아라비아 사람인데, 우리는 저들이 하나님의 큰 일들을 우리 각자의 말로 이야기하는 것을 듣고 있소." 사람들은 모두 놀라서, 어쩔 줄을 몰라 "이게 도대체 어찌 된 일이오?" 하면서, 서로 말하였다.

그런데 더러는 조롱하면서 "그들이 새 술에 취하였다" 하고 말하는 사람도 있었다.

베드로가 열한 사도와 함께 일어나서, 목소리를 높여, 그들에게 엄숙하게 말하였다. "유대 사람과 모든 예루살렘 주민 여러분, 이것을 아시기 바랍니다. 내 말에 귀를 기울이십시오. 지금은 아침 아홉 시입니다. 그러니 이 사람들은, 여러분이 생각하듯이 술에 취한 것이 아닙니다"(행 2:1-15).

위 구절은 우리의 사례 연구를 시작하기에 안성맞춤이다. 그런데 이 사건이 대단한 구경거리였음에도 예수님을 따르는 자들은 별로 놀라지 않았다는 점을 알아야 한다. 왜일까? 예수님이 자신의 제자들에게 성령을 보낼 것이며(예를 들어 느 14:15-21), 따라서 그들은 성령이 오실 때까지 예루살렘에서 기다려야 한다(행 1:4)고 말씀하셨기 때문이다. 그리고 성령이 내리시면 그들이 권능을 받아 온 세상에 나가 예수님의 증인이 될 것이라고 그들에게 확신시키셨기 때문이다(행 1:8).

하지만 예루살렘 군중에게는 천지가 개벽할 사건이었다! 예수님을 따르던 이들이 갈릴리 촌사람들인데도 느닷없이 다른 방언으로 말했으니 말이다. 그처럼 엄청난 광경을 맞닥뜨리면 당신은 어떻게 하겠는가? 이 사건을 어떻게 해석하겠는가? 대체 예루살렘에서는 무슨 일이 일어난 것인가?

질문은 피할 수 없다

예수님의 제자들은 가는 곳마다 어떤 식으로든 유별나게 행동하는 모양이다. 예를 들어 보자. 그들은 방언으로 말한다. 기타를 치면서 "쿰바야"[Kumbaya: 미국 흑인 노예들이 역경과 고난 중에 부르는 "Come by here"(여기 임하소서)라는 영가의 아프리카 식 발음—역주]를 부른다. 고대 영어로 쓰인 성경을 읽는다. 이웃 사람들에게 교회에 같이 가자고 권한다. 이따금 주위 사람들은 그들을 빤히 쳐다보면서 어쩔 줄 몰라 머리를 긁는다.

교회 예배 시간에 몇몇 그리스도인들이 손을 높이 쳐드는 것을 처음 보았던 때가 생각난다. 나는 그들을 뚫어지게 쳐다보았고 어리둥절해했다. 왜 하나같이 손을 높이 쳐들까?

예수님을 따르는 자들의 그런 행동은 어제 오늘의 일이 아니다. 주위 사람들은 그들의 이런 모습에 종종 의문을 제기한다. 우리의 사례 연구는 남다른 특징이 몇 가지 있다. 예컨대, 그리스도인들이 언제나 다른 방언으로 말하는 것은 아니며, 언제나 사람들이 구름떼처럼 몰려들거나 유대인 일색이거나 출신 국가가 다양한 것은 아니라는 점이다. 하지만 그 날 이후로 변하지 않는 것이 하나 있다. 그것은 예수님의 제자들이 눈에 띄는 행동을 하기에 그들에 대해 의문을 품지 않을 수 없다는 사실이다.

예수님은 처음부터 분명히 말씀하셨다. 자신을 따르는 자들은 세상의 질서를 뒤집기에 사람들의 눈에 분명히 띌 것이라고. 자신의 제자들이 장차 어떤 모습으로 바뀌게 될지를 설명한 예수님은 그들에게 명백히 말씀하셨다. "너희는 세상의 빛이다. 산 위에 있는 동네는 숨길 수 없다. 또 사람이 등불을 켜서 됫박 아래에 두지 않고, 등경 위에 둔다. 그래야 등불이 집 안에 있는 모든 사람에게 환히 비친다. 이와 같이, 너희 빛을 사람에게 비추어서, 그들이 너희의 착한 행실을 보고 하늘에 계신 너희 아버지께 영광을 돌리게 하여라"(마 5:14-16).

예수님은 자신을 따르는 자들을, 눈에 띄며 그 맛으로 사람들의 시선을 끄는 소금에 비유하기도 하셨다. 이제, 예수님은 자신의 제자들이 빛과 소금이 되어 어떤 식으로든 세상에 **영향**을 끼치게 될 것이라고 단언하신다. 또한 그들이 유별난 행동으로 사람들의 주목을 받게 될 것이라는 말도 잊지 않으신다. 예수님의 제자들은 사람들의 시선을 끌 것이다. 그들은 이제 물과 기름처럼 세상 사람들과 어울려 살기가 어려울 것이다.

나는 이를 몸소 체험한 바 있다. 위대한 왕이신 예수님의 영이 내게 임하자 나를 둘러싼 세상과 그것에 참여하는 일에 대한 시각이 서서히 바뀌었다. 나는 정기적으로 가족과 일단의 대학생을 이끌고 덴버 시의 저소득층 거주 지역으로 들어가 살곤 했다. 대도시의 빈민가에 뛰어들어 그 곳 사람들로부터 무언가 배우곤 했다. 나와 아내는 풍족한 교외 지역 한가운데서 소박한 방식으로 살고자 한다. 나는 내 권리를 지키는 일에 그다지 관심이 없다. 나는 용서를 베푼다.…그러다 보니 사람들의 주목을 받는다. 그들의 시선을 확 잡아끄는 것이다.

덴버에서 돌아온 어느 드름날, 뒷마당의 울타리를 사이에 두고 대학 교수인 이웃과 이야기를 나누게 되었다. 예전에 나는 임신한 아내와 한 살배기 아들 사이몬을 데리고 덴버에서 가장 위험한 빈민촌 가운데 하나인 선 밸리에 거주한 적이 있었다. 그는 이를 이상하게 여기면서 어쩌자고 그런 모험을 감행했는지 꼬치꼬치 캐물었다. 내가 자초지종을 설명하자 그는 이해할 수 없다는 표정을 지었다. 예수님과 더불어 낮은 곳으로 간 내 행동이 그에게 별나게 보였나 보다.

내 친구 테닐은 세상의 고통에 대해 생각할 때면 가슴이 미어진다고 한다. 하지만 그녀는 의기소침하지 않는다. 어정쩡한 태도를 취하지도 않는다(그녀가 사는 마을에서는 흔히들 의기소침하고 어정쩡한 태도를 취한다). 대신 그녀는 가슴 아파한다. 그녀는 세상의 일그러진 모습과 고난을 보고 애통해한다. 그녀는 기도 중에 툭하면 운다. 그녀는 자신의 눈에 비치는 현실에 매우 민감하다. 한번은 맥도널드 가게에 갔는데, 그녀가 줄을 서서 기다리다가 눈물을 흘리는 모습이 보였다. 고객과 종업원 사이에 노골적인 인종 차별이 자행되는 것을 목격했기 때문이다.

테닐이 늘 이랬던 것은 아니다. 그러나 그녀가 그리스도인이 되자 하나님은 그녀를 변화시켜 세상의 고통에 가슴 아파하게 하셨다. 그녀가 조용하고 여흥을 즐기며 점잖은 동네에 살다 보니 이처럼 슬퍼하면 동네 사람들은 이해할 수 없다는 표정을 짓는다.

하지만 거듭나면 그렇게 될 것이라고 예수님은 말씀하셨다. 그분의 제자가 된다는 것은 사람들의 주목을 받으며 그들의 눈에 확 띈다는 뜻이다. 예수님의 제자들은 사람들로 하여금 발길을 돌려 그들을 바라보게 만든다. 그 날 예루살렘에서 이것이 사실로 드러났다. 그리고 지금도 그렇다.

질문은 좋은 것이다

예수님의 제자들이 눈에 띄는 행동을 하는 까닭에 사람들이 그들에게서 관찰되는 모습을 이해하려 애쓰는 것은 정상이다. 이 유별난 그리스도인들에 관해 질문하는 것은 지극히 당연하다. 실제적인 질문이기에 그들에게 묻는 것은 바람직한 일이다.

예루살렘은 사람들이 마술에 걸린 듯 다른 지역 말을 쓰는 곳이 아니었다. 때문에 이 그리스도인들이 다른 언어로 말하기 시작하자 아브람과 한나와 실라가 질문을 던진 것은 당연했다.

오늘날 관용과 자기 중심적인 영성을 당연시하는 나라에서, 진리는 오직 하나이며 자신이 그것을 발견했다고 주장하는 예수 추종자들을 만날 때 이의를 제기하는 것은 당연하다. 죄를 시대에 뒤진 고지식한 개념으로 치부하는 시대에, 종종 정색을 하고서 죄 문제를 꺼내는 예수 추종자들에 대해 의문을 품는 것은 이상하지 않다.

사람들은 질문을 하면서 더러 감정에 치우치거나 배운 티를 낸다. 내 친구 매튜는 예수님에게는 마음이 끌렸지만 그리스도인이라면 질색을 했다. 그가 그리스도인이 된다는 것은 해가 서쪽에서 뜨는 격이었다. 매튜에게는 그리스도인들의 행동이 의문투성이였다. "그리스도인들은 왜 믿는 사람 티를 내는 티셔츠를 입지? 그리스도인들은 왜 기도할 때 말할 때는 쓰지도 않는 어조와 용어를 쓰는 거지? 왜 또 그리스도인들은 죄와 심판의 문제를 그처럼 크게 떠벌리는 거냐고?"

나는 매튜의 질문에 공감했다. 그의 질문은 이치에 닿을 뿐더러 훌륭하고도 중요하다는 생각이 들었다. 예수님은 곁에서 질문하는 사람들은 더없이 칭찬하셨지만(막 4:1-11), 고집 세고 입도 뻥긋하지 않으며 질문과 담을 쌓은 사람들은 호되게 나무라셨다(막 3:4-5). 예수님은 사람들이 마음속에 떠오르는 질문을 할 때면 흡족해하셨다.

아자리야와 미리암이 그 날 예루살렘에서 의문을 품은 것은 당연했고, 질문을 던진 것 또한 바람직했다. 그 후로도 그런 일은 계속되었다. 누군가가 예수님의 제자가 되면 그 과정에서 이런저런 질문들이 싹트는 모양이다. 그것은 예수님의 제자로 새롭게 태어나는 중요한 과정이다.

내게도 그런 경험이 있었다. 내가 예수님을 따를 것인가 말 것인가로 고민할 때 예수님과 그분의 제자들에 관해 **불가피하게** 생기는 의문이 몇 가지 있었다. "그들은 왜 손을 높이 쳐들고 찬양할까? 목사님은 왜 예복을 입을까? 교파는 왜 그리도 많을까?" 나는 그런 질문을 던질 수밖에 없으며 피할 수 없다는 것을 깨달았다.

원하는 답을 찾으려면 내 상상력을 동원할 것이 아니라 다른 곳을 물색해야 한다는 사실 또한 깨달았다.

질문은 답변이 아니다

예루살렘에 큰 소동이 있던 그 날, 우리는 또 하나의 교훈을 얻는다. 자력으로 답변을 얻고자 하면 벽에 부딪치기 십상이라는 사실이다.

그 날 예루살렘에 모여든 군중은 서로 이렇게 물었다. "어떻게 이런 일이 있을 수 있는가?" 그들 모두는 일어선 채로 동일한 사건을 지켜보고 있었다. 하지만 예수님의 제자들이 다른 방언으로 말하기에 앞서 성령이 임했을 때 군중은 그 자리에 없었다. 그리고 성령이 제자들에게 임할 것이라고 예수님이 약속하시기 몇 주 전 그분과 자리를 함께한 군중은 단 한 사람도 없었다. 하지만 군중 몇몇은(돌아가서 그 날에 대한 성경 기록을 읽으라) 대체 어찌된 일인지 **서로** 묻고 있었다. 아자리야는 아내 미리암에게, 껑다리 아브람은 옆에 서 있는 친구들에게 물었다.

이제 와서 하는 이야기지만, 군중 가운데 그 질문에 답할 수 있는 사람이 혹 있지 않을까 하는 기대는 어리석어 보인다. 하지만 어리석건 말건, 잠자코 있다가 불쑥 나타나 스스로 질문에 답하곤 했던 사람들은 많았다. "저들은 술에 취한 게 틀림없어!"

우리가 알다시피 그 답변은 그리 훌륭하지 않다. 예수님의 제자들은 술에 취하지 않았기 때문이다. 설사 그랬다 치자. 다른 언어를 듣도 보도 못한 사람들이 술에 취했다 해서 또렷하게 말할 수 있을까? 나는 이제껏 그런 식으로 취한 적이 단 한 번도 없다! 그들의 답변은 어리석지 않은가? 우리가 던진 질문에 스스로 답변하고자 한다면 그처럼 어리석게 결론내리기 쉽다.

이런 일은, 예수님의 제자들이 기독교적 '소동'을 일으키는 것을 목격한 군중이 스스로 이에 대한 해석을 시도할 때마다 수세기 동안 되풀이되어 왔다.

예수쟁이들은 왜 물불 안 가리고 성경에 매달리지? "저들은 별로 못 배운 데다가 세뇌까지 당해서 그럴 거야." 저들은 왜 자신의 기독교 신앙을 나와 '나누지' 못해 안달이지? "저들은 완전히 교만하거나 무식한 게 틀림없어. 아니면 둘 다일지도 몰라." 저들은 왜 시도 때도 없이 예수 이야기를 꺼내지? "저들은 아주 단순하고 앞뒤가 꽉 막혀서 더 위대한 진리를 깨달을 능력이 없어서 그럴 거야."

대학 시절, 내가 여자 친구와 잠자리를 같이하지 않는다는 사실을 알게 된 기숙사 친구들은 이렇게 비아냥거렸다. "쟤는 분명 고상한 척하는 거나 동성애자일 거야"(둘 다 사실이 아니다). 내가 검소하게 살겠다고 작정한 후 고등학교 시절 받은 그 많은 트로피를 내던지고, 많은 옷가지와 가재 도구를 가난한 이웃에게 기부하자 나를 잘 아는 사람들은 이렇게 결론지었다. "저 사람 제정신이 아니야"(절대 아니다). 그리고 내가 선 밸리에서 여름을 지냈다는 사실을 알게 된 이웃은 고개를 끄덕이며 이렇게 말했다. "당신은 정말 멋진 사람이에요"(불행히도 이 또한 사실이 아니다).

그들이 제기한 온갖 질문에 대한 답은 사실 내가 거듭나서 예수님의 왕국 백성이 되었다는 사실과 훨씬 더 밀접한 관계가 있다. 하지만 그들 스스로 그 사실을 알 턱이 없었다.

예루살렘 사례 연구가 보여 주듯 예수님의 제자들에 대해 당혹감을 감추지 못하는 사람들은 굳이 그들을 찾아가 물어 보지 않는다. 그냥 편히 의자에 앉아 응시하고 의아하게 여기며 가설을 세우고 나름의 해답을 내놓는다. 간혹 그 해답은 완전히 틀리다.

◎ 이제 내가 할 일은?

1. 마음속의 질문들을 던져라.

그리스도인들이 일으키는 어떤 '소동'에 눈길이 가고 그로 인해 어리둥절해한 적이 있는가? 뭐가 뭔지 잘 모른다고 생각되면 마음속에 떠오르는 질문들을 거침없이 던지라.

예를 들어 보자. 그리스도인들이 성경에 관해 무엇을 믿는지 궁금하다면 당신의 궁금증을 솔직히 털어놓으라. 예수님을 따르는 사람들이 사는 방식과 그렇게 사는 이유가 이해되지 않는다면 어디든 가서 해답을 찾으라. 교파가 왜 그리도 많은지 이해가 안 가면 힘써 그 이유를 찾으라. 기억하라. 예수님은 질문을 장려하셨지만, 사람들이 질문에만 매달리고 더 이상 그분과 관계 맺으려 하지 않자 슬퍼하셨다.

당신이 예수님을 따르든 따르지 않든 그리스도인이나 기독교에 관해 필시 궁금한 점들이 있을 것이다. 그런 궁금증을 모른 체하고 지나간다

당신의 궁금증을 풀어 줄 책들을 찾아볼 수도 있을 것이다. 온라인을 검색하거나 가까운 기독교 서점을 찾아가 보라. 아마도 서점 직원은 유익한 참고 도서를 추천해 줄 것이다. 당신의 궁금증이 모든 분야를 망라한다면 N. T. 라이트의 탁월한 책인 「톰 라이트와 함께하는 기독교 여행」(한국 IVP 역간), 클리프 네취틀(Cliff Knechtle)의 「제가 믿도록 도와주세요: 실제적인 질문들에 대한 솔직한 답변」(*Help Me Believe: Direct Answers to Real Questions*, InterVarsity Press)이나 C. S. 루이스의 정말 멋진 책인 「순전한 기독교」(*Mere Christianity*, 홍성사 역간)를 권하고 싶다.

면 이는 자신을 속이는 일이 될 것이다. 그러니 질문을 하라.

이왕 말이 나온 김에 한마디 더하자. 궁금증에 대해 질문할 때는 바른 곳을 찾는 것이 중요하다. 예컨대 당신은 질문하고 스스로 답변할 수 있다. 하지만 앞서 살펴보았듯이 그러한 전략은 썩 바람직한 것 같지 않다. 당신처럼 뭐가 뭔지 잘 모르는, 군중 속의 몇몇 사람들과 함께 이야기를 나누더라도 그것은 최적의 출발점이 아닐지 모른다. 그렇다고 실망할 필요는 없다. 이용할 수 있는 다른 자원이 넘치기 때문이다.

당신의 질문을 재치 있게 받아넘길 베드로는 곁에 없다. 그러나 당신의 질문에 관해 터놓고 이야기할 수 있는 그리스도인들은 이웃에 널려 있다. 당신이 잘 아는 동네 목사님이나 그리스도인을 찾아가서 차 한 잔 대접하라. 그런 다음에 당신의 궁금증을 털어놓고 어떤 대답이 나올지 지켜보라.

2. 중대한 질문을 하고 이야기의 전모를 귀담아 들으라.

큰 소동이 일어나 군중이 어리둥절해하면서 대체 무슨 일이냐고 물었던 그 날, 어떤 변화가 있었다. 그리고 그 변화는 중요했다.

만일 군중이 특정한 질문—이를 테면 "갈릴리 촌사람들이 어떻게 우리 말을 할 수 있는 거지?"—을 계속 던졌다면 원하는 답변을 결코 들을 수 없었을 것이다. 그들은 예수님의 제자들이 다른 언어로 말하는 현상에 초점을 맞춰 특정한 질문을 던짐으로써 무심결에 그러한 특정 주제를 둘러싼 대화를 전개했다. 그들은 화제의 **대상**(선포되고 있는 하나님의 전능하신 행위)이나 그 모든 일이 동시에 수많은 무리에게 일어나는 **까닭**(어떤 언어든 자발적이며 목소리를 높이는 예배는 낯설다!)에 대해서는 묻지 않았다.

그들은 그처럼 근시안적인 이슈 하나에 매달릴 수도 있었지만 그렇게 하지 않았다. 대신 소스라치게 놀랐고 어리둥절한 나머지 총체적이며 포괄적인 질문-"대체 이 어찌된 일인가?"-을 던졌다. 군중은 질문의 방향을 바꿈으로써 자신이 기대하던 답변을 들을 수 있었다.

이는 오늘날도 마찬가지다. 질문을 던진다고 해서 예수님을 따르는 일의 전모를 반드시 알게 되는 것은 아니라는 사실을 당신도 깨닫게 될 것이다. 창조론에 관한 책들을 폭넓게 읽으면 특정 질문에 대한 답을 구하는 데 도움은 될 것이다. 하지만 실상 그런 책들을 읽는다고 해서 당신이 아는 모든 그리스도인에게서 진행되는 일의 핵심을 파악할 수 있다는 보장은 없다.

베드로와 마찬가지로 각 시대 예수님의 제자들은 결국 예수님 이야기로 돌아오는 듯하다. 이는 예수님 이야기가 창조 이야기나 십자군 이야기 혹은 "오늘날 교파가 그리도 다양한 까닭을 말해 주는 이야기"와 아주 무관함을 암시한다. 또한 그리스도인 개개인의 중심에 계시는 예수님을 이해하지 않고서는 그분의 제자들에 관해 어떤 질문을 하더라도 온전한 답을 얻을 수 없음을 암시한다.

아무튼 기독교라는 이 현상은 전적으로 예수님이 핵심에 있다. 우리는 저마다 자신이 던지는 질문의 한계를 깨닫고, "이것은 과연 무슨 뜻인가?"라고 단순히 질문해야 한다. 나아가 예수님 이야기의 자초지종을 예수님의 제자들로부터 느긋하게 들을 수 있어야 한다. 그 날 예루살렘에 모였던 군중의 간청에 못 이겨 마침내 베드로가 예수님 이야기를 들려주었듯이 말이다.

3장 이야기
처음부터 다시 시작할 수 있는가?

우리의 사례 연구는 이제 이야기 단계로 들어선다. 아브람, 아자리야, 한나 및 나머지 사람들은 눈앞에 펼쳐지는 사건의 의미를 알고 싶어한다. 그러자 베드로는 그들에게 이야기를 들려줌으로써 그 광경에 담긴 의미를 풀어 낸다. 그 이야기는 바로 예수님 이야기다.

베드로가 열한 사도와 함께 일어나서, 목소리를 높여, 그들에게 엄숙하게 말하였다. "유대 사람과 모든 예루살렘 주민 여러분, 이것을 아시기 바랍니다. 내 말에 귀를 기울이십시오. 지금은 아침 아홉 시입니다. 그러니 이 사람들은, 여러분이 생각하듯이 술에 취한 것이 아닙니다. 이 일은, 하나님께서 예언자 요엘을 시켜서 말씀하신 대로 된 것입니다."

'하나님께서 말씀하셨다. 마지막 날에,

    나는 내 영을 모든 사람에게 부어 주겠다.

아들과 딸들은 예언을 하고,

    젊은이들은 환상을 보고,

    나이 든 사람들은 꿈을 꿀 것이다.

그 날에 나는 내 영을 내 남종과 여종에게 부어 주겠으니,

    그들도 예언을 할 것이다.

또 나는 위로 하늘에서는 기이한 일을 나타내고,

    아래로 땅에서는 표적을 나타낼 것이니,

    그것은 곧 피와 불과 자욱한 연기다.

주의 크고 영화로운 날이 오기 전에,

    해는 변해서 어둠이 되고,

    달은 변해서 피가 될 것이다.

    그러나 주의 이름을 부르는 사람은

    구원을 얻을 것이다.'

"이스라엘 동포 여러분, 내 말을 들으십시오. 여러분이 아시는 바와 같이, 나사렛 예수는 하나님께서 능력과 기이한 일과 표적을 가지고 여러분에게 증언하신 분이십니다. 하나님께서는 그를 통하여 여러분 가운데서 이 모든 일을 행하셨습니다. 이 예수가 버림을 받으신 것은, 하나님께서 정하신 계획을 따라 미리 알고

계신 대로 된 일이지만, 여러분은 그를 무법자들의 손을 빌어서 십자가에 못박아 죽였습니다. 그러나 하나님께서는 그를 죽음의 고통에서 풀어서 살리셨습니다. 그가 죽음의 세력에 사로잡혀 있는 것은 있을 수 없는 일이기 때문입니다. 다윗이 그를 가리켜 말하기를,

'나는 늘 내 앞에 계신 주님을 보았다.
　나를 흔들리지 않게 하시려고,
　주께서 내 오른쪽에 계시기 때문이다.
그러므로 내 마음은 기쁘고, 내 혀는 즐거워하였다.
　내 육체도 소망 속에 살 것이다.
주께서 내 영혼을 지옥에 버리지 않으시며,
　주의 거룩한 분을 썩지 않게 하실 것이다.
주께서 내게 생명의 길을 알려 주셨으니,
　주님 앞에서 나에게 기쁨을 가득 채워 주실 것이다' 하였습니다."

"동포 여러분, 나는 조상 다윗에 관하여 자신 있게 말씀드릴 수 있습니다. 그는 죽어서 묻혔고, 그 무덤이 이 날까지 우리 가운데 남아 있습니다. 그는 예언자여서, 하나님께서 자기의 자손 가운데서 한 사람을 그의 왕좌에 앉히시겠다고 맹세하신 것을 알고 있었습니다. 그래서 그는 그리스도의 부활을 미리 내다보고서 말하기를 '그리스도는 지옥에 버림을 당하지 않고, 그의 육체는 썩지 않았다' 하였

습니다. 하나님께서 이 예수를 살리셨으며, 우리는 모두 그 증인입니다. 하나님께서는 이 예수를 높이 올려 하나님의 오른편에 앉히시고, 약속하신 성령을 주셨습니다. 예수께서는 아버지께로부터 받은 성령을, 여러분이 지금 보고 듣고 있는 것처럼 우리에게 부어 주셨습니다. 다윗은 하늘에 올라가지 못하였으나, 그는 말하기를,

'주께서 내 주께 말씀하시기를,
  내가 네 원수를
네 발 아래 굴복시키기까지,
  너는 내 오른쪽에 앉아 있어라' 하였습니다."

"그러므로 이스라엘 온 집안은 확실히 알아 두십시오. 하나님께서는, 여러분이 십자가에 못 박은 이 예수를 주와 그리스도가 되게 하셨습니다."
사람들이 이 말을 듣고 마음이 찔려서 "형제 여러분, 우리가 어떻게 하면 좋겠습니까?" 하고, 베드로와 다른 사도들에게 말하였다(행 2:14-27).

이것이 바로 그 날 베드로가 들려준 이야기다. 사람들은 자신이 직접 목격하고 들었던 사건의 의미를 알고 싶어했다. 그래서 베드로가 이 이야기를 들려주었다.

자, 베드로가 들려준 이야기에는 우리의 사례 연구에 참고할 독특한

내용이 많다. 그것은 그 이야기를 들려준 사람이 베드로였으며, 그 이야기를 들은 사람이 특정한 군중이었다는 사실이다. 그 날 이후 예수님 이야기를 하는 것은 스타일과 길이와 언어와 형식 면에서 분명 다양해졌다. 그러나 그 날 베드로의 설교는 지금도 우리에게 많은 가르침을 준다.

예수님 이야기는 역사적 사건이다

우리에게 주는 첫 교훈은 그 날 일어난 사건 배후의 의미가 예수라는 한 인간이었다는 사실이다. 베드로는 설교 시작과 함께 예수님의 제자들은 결코 술에 취한 게 아니라고 역설하면서 군중 사이에 떠도는 소문을 일축했다. 이어서 그는 설교의 대부분을 한 인간에 초점을 맞추었다. 그는 한나와 아브람과 실라에게 예수님 이야기를 들려주었다.

예수님 이야기의 초점은 예수라는 한 인간이다(당연한 이야기임에도 내가 보기에 그것은 의미심장한 요점이다). 그분은 이 땅에서 사셨고 가르치셨고 돌아가셨고 부활하신 후 사람들에게 나타나셨고 자신을 따르는 자들에게 성령을 보내셔서 그들로 하여금 목소리 높여 하나님을 찬양하게 하셨다. 예수님은 그 날 일어난 사건에 감추어진 궁극적 의미였다. 베드로는 사상이나 철학이나 이론에 대해 말하지 않는다. 예수라는 한 인간에 대해 말할 뿐이다.

그리고 베드로는 자신이 말하는 사람을 안다. 아무튼 베드로는 예수님을 만났고, 그 중요한 3년 동안 그분을 따라다니면서 많은 일을 거들었다. 베드로는 예수님이 행하신 모든 일을 목격했고, 그분의 가르침을 들었고, 그분이 돌아가셨을 때 일어난 일을 목격했으며…사흘 만에 부활하신 것도 목격했다. 베드로가 그 날 이야기한 것은 이러한 역사적 사건들과 그 사건들이 예수님에 관해 드러내는 바다.

나중에 밝혀지지만 베드로는 줄곧 예수님 이야기를 전하면서 남은 생을 마쳤다. 그가 쓴 서신 중 하나에 이런 구절이 있다. "우리가 여러분에게 우리 주 예수 그리스도의 권능과 재림을 알려 드린 것은, 교묘하게 꾸민 신화를 따라서 한 것이 아닙니다. 우리는 그의 위엄을 눈으로 본 사람들입니다"(벧후 1:16). 베드로는 예수님 이야기를 하면서 자신이 역사적 사건에 대해 언급하고 있음을 아는지 언제나 확인했다.

그리고 동일한 예수님 이야기가 시대를 달리해 들려질 때마다 매번 가장 중요하게 여겨진 것은 예수님 이야기의 이 같은 역사적 성격이다. 말하자면, 그 이야기는 예수님이 누구셨고, 무슨 일을 하셨고, 무엇을 가르치셨고 그리고 십자가에 달려 죽으시고…사흘 만에 부활하신 운명의 나날 동안 예루살렘에서 무슨 일이 일어났는지를 우리에게 명백히 들려준다.

아마도 실라와 그의 친구들은 예수님에 관한 이런저런 진부한 표현과 고정관념을 익히 들었을 것이다(당신에게 예수님은 위험한 유대교 교사이자

술고래이며 로마 제국에 반기를 든 혁명 투사다). 하지만 그 날 베드로가 들려준 예수님 이야기는 그들의 삶을 송두리째 바꿔 놓았다. 그들은 난생 처음으로 진짜 예수님 이야기를 듣는 기분이었다. 그리고 그 이야기를 듣고 마음이 찔렸다.

정도의 차이는 있겠지만, 시대를 막론하고 이런 일은 계속 일어났다. 사람들은 마음에 찔림을 받는다. 예수님 이야기라고는 꿈에도 들어 보지 못했거나 (설령 들었더라도 판에 박힌 이야기만 접한) 사람들이 그 이야기를 처음 들으면 더러 깊은 충격에 빠진다.

온통 기독교 일색인 문화권에서 자랐던 내 친구 매튜는 이 기독교적인 것과, 그가 계속 만나게 된 그리스도인들에 대한 반감이 몹시 컸었다. 그는 그리스도인들과 그들의 우스꽝스런 티셔츠와 주제넘은 메시지와 노골적인 위선에 진저리를 쳤다. 그러던 어느 날 우리가 우연히 만났는데 그는 '어딜 가나 저 예수쟁이들뿐'이라고 비아냥거렸다. 나는 그에게 예수님 이야기를 제대로 들어 본 적이 있느냐고 물었다. 그는 잠시 생각하더니 그런 적이 없다는 것을 인식했다.

나는 이 때다 싶어 그에게 복음서 이야기를 좀 읽어 보라고 권했다. 그는 내 말대로 했다. 웬일인지 그는 예수님이 다음에 쏙 들었다. 매튜는 예수라는 인물이 호기심을 불러일으키고 재치 있으며…**예상 밖으로 솔직한 분임을 알았다.** 그래서 복음서를 좀더 파고들었다. 복음서 이야기를 두루 읽은 매튜는 이 예수와 그분의 메시지와 그분의 십자가 고통에 마음이 찔렸다. 매튜에게 감명을 준 것은 기독교가 아니었다. 꾸밈 없는 예수님 이야기였다.

예수님 이야기가 사람들에게 들려지다

이 시점에서 주목해야 할 두 번째 사항은 베드로가 예수님 이야기를 일정한 형식으로 들려준다는 점이다.

예컨대 베드로의 설교 대다수는 사실상 구약 성경을 인용한 것이다. 베드로는 유대인 일색인 군중이 익히 알고 있을 법한 히브리 성경을 세 차례나 직접 인용한다. 그는 아브람과 한나가 쓰는 문화적 언어로 이야기를 들려준다.

그날 베드로가 유대인 특유의 방식으로 이야기를 전하는 가운데 중요한 진리가 하나 드러난다. 이야기의 내용(인간 예수)은 절대 불변이지만 이야기의 **형식**은 시대에 따라 광범위하게 달라진다는 사실이다.

베드로는 특정한 언어, 스타일, 형식을 이용해 이야기를 들려준다. 그의 이야기를 듣는 대상이 **사람이기** 때문이다. 그는 진공 상태에서 말하는 게 아니다. 사람들의 귀에 대고 말한다. 그리고 청중이 유대인이기에 베드로는 유대인 특유의 방식을 쓴다. 그 후로 예수님 이야기는 청중이 쉽게 이해할 수 있는 방식으로 전해져 최상의 효과를 거둔다.

초대교회의 지도자 바울을 생각해 보자. 그가 비시디아 안디옥에 있는 회당에서 예수님 이야기를 전할 때 청중은 유대인들이었다. 그 날 바울의 설교(행 13:16-41)를 읽어 보면 그가 말씀을 전하는 방식이 베드로를 쏙 빼닮았음을 알게 될 것이다. 며칠 후 바울은 온갖 자연 현상이 여러 신들과 밀접한 연관이 있다고 믿는 루스드라 이방인들(비유대인들)에게 말씀을 전하게 되었다. 그가 그 날 예수님 이야기를 전하는 구절(행 14:14-18)을 읽어 보면 히브리 성경은 입도 뻥긋하지 않고 그들의 피부에 와 닿는 하늘과 땅과 바다와 비의 추수를 화제로 삼았음을 알게 된다. 얼마 후 바울은 복잡하고 세련미 넘치는 도시 아테네로 갔다. 거기서 그는 당대 철학자들과 그 지방의 역사적 상징물을 들먹이며 예수님 이야기를 전했다(행 17:22-31).

바울은 왜 이렇게 하는가? 그는 어디를 가든 왜 한 가지 방식으로만 예수님 이야기를 전하지 않는가? 그 이유는 바울의 예수님 이야기를 듣는 대상이 **사람이기** 때문이다. 바울은 예수님 이야기를 전할 때 청중의 상황을 고려한다. 그가 이렇게 하는 것은 섬김의 행위라고 할 수 있다. 고로 우리는 놀랄 필요가 없다.

예수님 자신이 인간의 몸을 입으신 말씀(요 1:14)이셨기에 그것은 놀랄 일이 아니다. 하나님은 궁극적 진리의 메시지(말씀)를 전하고자 하셨지만, 확성기를 이용해 비인격적으로 그 메시지를 이 땅에 선포하고자 하지 않으셨다. 대신 그분은 인간의 몸을 입은 예수라는 한 인간을 통해 이 메시지를 구체화하기로 작정하셨다. 그리고 우리가 들은 대로 예수님은 사람들 가운데 거하기(문자적으로는 '천막을 치기') 위해 오셨다(요 1:14).

예수님은 특정한 피부색을 띠고 특정한 말투를 쓰는 인간이 되어 특정한 문화권으로 들어오셨다. **거기서** 그분이 자신의 이야기를 몸으로 살아내셨다는 사실은 하나님이 인간을 소중히 여기고 사랑하는 분이심을 보여 준다. 하나님은 스스로 인간이 되어 인간과 함께 거하기로 작정하셨다. 그러니까 예수님 이야기는 그 어딘가에 있는 돌에 새겨진 게 아니라 사람들의 귀에 들려진 것이다. 사람들의 마음에 깊이 와 닿는 언어로 말이다.

나는 자라면서 매주일 교회에 다녔다. 스테인드글라스, 오르간, 찬송가…교회 하면 떠오르는 것들이다. 나는 오래 전부터 교회에 다녔는데 교회 출석과 관련해 부끄러운 고백이 하나 있다. 그것은 설교가 매번 건성으로 들렸다는 사실이다. 정말이지 설교가 제대로 들리지 않았다. 단 한 주도 거르지 않고 열심히 (정말 **열심히**) 설교를 들었지만 예수님 이야기에 대해선 무덤덤했다. 설교가 내 모국어로 전해졌음에도 불구하고 먼 나라 이야기처럼 들렸다. 나는 마음이 조금도 찔리지 않았다.

세월이 좀더 흘러 장작처럼 빼쩍 마른 고등학생이 커다란 배의 갑판 위에 서 있는 게 보인다. 그 배는 캐나다 브리티시컬럼비아 주의 눈이 부시도록 아름다운 프린세스 루이자 만 입구를 향하고 있다. 거기, 영 라이프 말리부 캠프에서 나는 처음으로 예수님 이야기를 들었다. 예수님 이야기는 촌극을 통해, 젊은 연사들을 통해 그리고 쉽게 알아들을 수 있는 언어로 들려졌는데 그 이야기를 난생 처음 듣는 기분이었다. 그리고 나는 마음에 찔림을 받았다.

바로 예루살렘에서의 그 날처럼 오늘날에도 예수님 이야기는 사람들에게 들려져야 한다. 그들의 모국어로….

예수님 이야기는 신랄하고 절박하다

잠시 멈추고 아브람과 한나와 나머지 사람들이 예수님 이야기에 어떤 반응을 보였는지 살펴보자. 그것이 중요한 것은 그들의 반응을 통해 그 이야기 자체에 관해 무언가를 파악할 수 있기 때문이다. 베드로가 예수님 이야기를 들려준 그 날 군중은 호기심이나 흥미를 느끼지 않았다. 그들은 마음이 찔렸다.

성경 본문에 사용된 '찔렸다'(cut)라는 단어는 문자 그대로 '철저히 찔렸다'(stab thoroughly)는 뜻이다. 예수님 이야기를 듣는 순간, 아브람은 거친 마음속을 뚫고 들어오는 무엇인가로 인해 찔림을 받았다.

지금까지 살아오면서 어떤 소식이 내 마음에 즉각 영향을 미치거나(내 형이 감옥에 갇혔다는 사실을 알았을 때) 내 안의 감정을 휘저었던("나도 당신을 사랑해요"라고 그녀가 고백했을 때) 때가 있었다. 그러한 순간들은 그 날 아브람과 나머지 사람들이 느꼈던 감정과 비슷하지 않을까 하는 생각이 든다. 그들의 반응은 단순히 감정적인 것도, 순전히 육체적인 것도, 한갓 지적인 것도 아니었다. 그것은 그들의 영혼 깊은 곳을 송두리째 뒤흔들었다.

예수님은 언제나 마음을 강조하셨기에 사람들의 피상적인 반응에는 시큰둥하셨다. 그분은 사람들의 **내면에서** 진행되는 일에 깊은 관심을 두신 듯하다. 예수님은 자신의 가르침을 사람들의 마음 '밭'에 뿌려지는 '씨앗'에 비유하셨다(참고. 막 4:1-34). 그분은 사람들이 그럴듯하게 치장하거나 겉만 번지르르하게 꾸미는 일에는 철저히 무관심하셨다. 예수님은 자신의 진리를 사람들 속에 심어 그 곳에서 변화가 일어나게 하는 데 관심을 두셨다.

그러니까 예수님 이야기가 이런 식으로 사람들에게 영향을 미친다는 말은 이치에 닿는다. 예수님은 자신이 보내는 성령이 사람들의 그릇된 생각을 꾸짖어 그들로 하여금 마음에 찔림을 받게 할 것이라고 말씀하셨다(요 16:8). 그리고 예수님 이야기에는 사람들의 마음을 찌르는 신랄한 말씀이 들어 있다.

알다시피, 예수님 이야기에는 사람들이 **직접** 등장한다. 베드로는 예수님이 "하나님의 사전 계획과 예지에 따라 **여러분**에게 넘겨졌으며 **여러분**이 무법자들의 손을 빌려 그를 십자가에 못박아 죽게 한 것"임을 군중에게 상기한다(행 2:23, 저자 강조). 그는 예수님의 십자가 죽음을 이야기하면서 아브람과 한나를 비롯한 나머지 사람들에게 책임이 있음을 명명백백하게 (그리고 뼈아프게) 일깨운다. 죄 없는 예수님을 죽음으로 몰고 간 그들은 공범자다.

　망치를 들고 못질을 한 것은 **바로 그들의 손**이었다. 그분을 향해 모욕의 말을 서슴지 않았던 것은 **바로 그들의 입**이었다. 그리고 가장 중요한 것은, 그분을 죽음으로 내몰고 그분으로 하여금 죽음의 길을 택하게 만든 것이 **바로 그들 자신의 죄**라는 사실이다.

　예수님 이야기가 절박한 것은 정확히 그것이 **우리의** 이야기이기 때문이다. 예수님 이야기가 졸깃한 것은 그것이 십자가를 수반하기 때문이다. 십자가는 우리 각자의 죄를 지체 없이 예수님 이야기 안으로 끌어들인다. 그래서 예수님 이야기는 여느 이야기와 달리 생명력을 지닌다.

　사도행전 8장을 보면 에티오피아 사람 하나가 마차를 타고 가면서 성경을 읽는 대목이 나온다. 그 에티오피아인은 우연히 초대교회 지도자인 빌립을 만나 그를 마차에 오르게 한다. 그리고 자신이 읽고 있는 성경에 대해 토론을 벌인다. (그가 읽고 있던 성경 구절로 인해) 토론은 마침내 예수라는 인물로 초점이 옮겨지고, 빌립은 그에게 예수님 이야기를 들려준다. 경고의 북소리도 없고, 근처에 회당도 없지만 마차에서 예수님 이야기를 듣던 그는 마음에 찔림을 받는다. 그는 예수님 이야기가 남의 일처럼 들리지 않는다. 그래서 그들이 물가를 지나자 그 에티오피아인은 자신이 세례를 받지 못할 이유가 있는지 묻는다. 빌립에게 세례를 받은 그는 죄를 용서받고 예수님의 제자가 된다.

　거듭나는 방식은 그러하다. 거듭나는 일이 책을 읽거나 친구 말에 귀를 기울이거나 고즈넉한 곳에 홀로 앉아 지난 세월의 메시지를 묵상하는 가운데 일어나건, 사람들이 예수님 이야기를 들을 때면 그 이야기는 절박하면서도 긴급한 무엇이 되어 그들의 영혼 안으로 들어올 수 있다.

  (거의 평생 교회를 다녔음에도) 나는 예수님 이야기를 캐나다 북부 브리티시컬럼비아 주에서 처음 들었다. 둘도 없는 친구 토드도 곁에서 그 이야기를 경청했다. 그는 교회라고는 문턱에도 가 보질 못했다. 그는 실리를 따지면서도 점잖은 사람이었다. 쉽사리 흥분하거나 지나치게 감정에 휩쓸리지 않았다. 씩씩하면서도 상식을 존중하는 사람이었다. 하지만 토드는 그 주에 캐나다 북부에서 예수님 이야기를 듣고 나서 변했다. 평소보다 더 과묵해진 것이다. 내가 함께 수상 스키를 타거나 야구를 하고 싶어 그를 찾으러 갈 때면 그는 종종 홀로 앉아 진한 푸른 빛을 띠는 바닷물을 멍하니 바라보곤 했다.

  그 주에 예수님 이야기를 들은 토드는 마음에 큰 찔림을 받았다. 아브람과 한나와 젊은 실라가 그랬듯이. 에티오피아 사람이 그랬듯이. 내 친구 매튜가 그랬듯이. 그리고 내 자신이 그랬듯이. 실상을 말하자면, 예수님 이야기는 절박하고 긴급하며 마음을 파고드는 이야기다. 예루살렘에서의 그 날뿐 아니라 오늘날에도 역시 그렇다.

이제 내가 할 일은?

1. 예수님 이야기를 들을 수 있는 곳을 파악하라.

그리스도인들이 일으키는 '소동'(제2장 참고)에 대해 꼬치꼬치 캐묻는 것과 모든 일에 함축된 의미가 무엇인지 묻고 예수님 이야기에 귀를 기울이는 것은 하늘과 땅 차이다. 사소한 질문, 예컨대 "이 갈릴리 촌뜨기들이 어떻게 저마다 우리 언어로 말할 수 있는가?"를 넘어서 더 심오한 질문, 예컨대 "이 모든 일에 함축된 의미는 무엇인가?"로 나아간다면 이는 중요한 진전이다.

당신이 후자의 질문을 하게 된다면 예수님 이야기를 들을 수 있는 곳에서 그러한 질문을 하라. 그리스도인을 찾아가 예수님 이야기를 들려 달라고 하라. 교회를 찾아가 거기서 들리는 예수님 이야기에 귀를 기울이라. 교회에 가면 필시 설교를 듣게 될 것이다. 그리스도인들은 예수님 이야기라면 귀가 따갑도록 들은 터라(그것은 지극히 당연하다) 그들의 음악과 드라마와 비디오 또한 예수님 이야기 일색이다. 내 경우, 예수님 이야기를 처음 접하게 된 계기는 설교가 아닌 영상 드라마였다.

그러나 당신이 그리스도인 친구와 점심을 함께하면서 대화를 하든, 예수님에 관한 책을 읽든, 교회에 출석하든, 영화를 보든 당신에게 들리는 이야기가 예수님 이야기인지 확인하라. 당신이 여러모로 중요한 대화를 나누거나 책을 읽거나 (제2장에서 언급한 대로) 다양한 주제에 관한 설교에 귀를 기울이건 간에 그 모든 것에 함축된 의미를 파악하려면 **예수**

님 이야기 자체를 원하게 될 것이다. 당신이 원하는 것은 창조론 이야기나 그리스도인의 도덕에 관한 이야기가 아니다. 기독교 이야기는 더욱 아니다. 당신이 원하는 것은 인간의 몸을 입으신 예수, 그분의 말씀과 그분의 사역 그리고 예루살렘에서 그분에게 일어난 일을 들려주는 예수님 이야기다.

예수님 이야기를 이해하는 가장 확실한 길은 그 이야기를 들려주는 옛 원전을 직접 읽는 것이다. 신약 성경의 초반에 있는 마태복음, 마가복음, 누가복음 및 요한복음은 어느 성경에서나 만날 수 있는 사복음서(글자 그대로, '기쁜 소식 들려주기')다. 사복음서 중 어느 한 책을 택해 앉은 자리에서 단숨에 통독하라. 처음부터 끝까지 들려오는 예수님 이야기에 귀를 기울이라. 이따금 예수님에 관해 고리타분한 이미지를 품게 될 때가 있다. 이를 해결하는 특효약은 그분에 관한 가장 오래된 기록 중 하나를 읽는 것이다.

사복음서는 내용(예수라는 인간)은 같지만 형식은 저마다 다르다. 각기 다른 집단에 속한 사람들을 염두에 두고 쓰였기 때문이다. 당신이 단숨에 읽고자 한다면 분량이 가장 짧은 마가복음이 제격이다. 시적 감흥과 예술적 기교에 관한 한 요한복음이 단연 앞선다. 의사인 누가가 쓴 누가복음은 매우 체계적이다. 유대인들을 대상으로 쓴 마태복음은 구약 성경을 매우 다양하게 인용한다. 그럼에도 불구하고 복음서들은 전부 승자다. 복음서를 읽다가 곁길로 빠지게 되는 일은 결코 없다. 어느 복음서를 읽든 당신은 예수님 이야기를 듣게 될 것이다.

2. 당신의 마음과 영혼을 세심하게 살피라.

예수님 이야기가 철학적 명제라면 지적이며 객관적인 접근이 가능하다. 즉 자료를 수집하고 분석한 후 어떤 결론을 내리는 것이다. 예수님 이야기가 한갓 처세술에 불과하다면 목록을 만들어 그 중 몇 가지를 시험해 보고 결과를 확인하면 된다. 하지만 예수님 이야기는 철학적 명제도 처세술도 아니다.

예수님 이야기는 한 사람의 이야기다. 그 이야기는 절박하면서도 중요한 그리고 그 안에서 우리 자신을 발견할 수 있는 역사적 이야기다. 그 이유로 예수님 이야기에 귀를 기울일 때 무엇보다도 마음, 영혼 및 장기―우리 영혼의 핵심과 어떤 식으로든 연결되어 있는 신체 일부―에 주의를 기울여야 한다.

그리고 당신이 예수님 이야기를 듣는 중에 혹은 이따금 듣고 나서 마음이 찔린다면, 마음에 동요가 일어난다면, 예수님과 그분이 행하시고 말씀하시고 십자가에 달리신 이야기가 낚시 바늘이 되어 마음을 찌른다면 그 때에도 주의를 기울이라. 그러한 반응은 아무 이유 없이 그냥 생겼거나 하찮은 것이 아니라 무언가 중요한 것을 의미할 것이다.

지금 당신에게 일어나는 일은 그 옛날 예루살렘에 모여든 사람들에게 일어난 일과 매우 비슷할 수 있다. 만일 그렇다면 당신은 그 날 예루살렘에 모여든 무리가 절박한 심정으로 던졌던 바로 그 질문을 하게 되지 않을까? "형제 여러분, 우리가 어떻게 하면 좋겠습니까?"

4장 부르심
어디에 가입할 것인가?

앞 장에서는 우리의 친구 아브람, 한나 및 군중 속에 있던 사람들이 마음에 찔림을 받았음을 보았다. 그들은 마음이 찔려 베드로에게 어떻게 해야 할지 물었다. 그들은 예수님 이야기에 반응하고 싶었지만 도무지 방법을 몰랐다. 그들은 무언가 해야 한다는 것은 알았으나 어찌할 바를 몰랐다. 그래서 어떻게 하면 좋을지 묻자 베드로는 이렇게 답했다.

베드로가 대답하였다. "회개하십시오. 그리고 여러분은 각각 예수 그리스도의 이름으로 세례를 받고, 죄의 용서함을 받으십시오. 그러면 성령을 선물로 받을 것입니다. 이 약속은 여러분과 여러분의 자녀와 또 멀리 떨어져 있는 모든 사람들, 곧 주 우리 하나님께서 부르시는 사람 모두에게 주신 것입니다."

베드로는 이 밖에도 많은 말로 증언하고, "잘못된 세대로부터 구원을 받으라"고 그들에게 권하였다. 그의 말을 받아들인 사람들은 세례를 받았다. 이렇게 해서, 그 날 신도의 수가 약 삼천 명이나 늘어났다(행 2:38-41).

예수님 이야기를 들은 그들이 어떻게 해야 할지를 베드로가 분명히 말하자 아브람과 한나를 비롯한 대략 삼천 명의 사람들은 베드로의 말대로 했다. 삼천 명이나 되는 사람들이 그의 메시지를 받아들여 회개하고 세례를 받았다. 그렇다. 삼천 명이.

그런 식의 반응은 보기 드문 일이다. 그렇게 많은 사람들이 부르심에 동시에 응답하기란 흔치 않다. 그리고 사람들이 메시지를 즉각적으로 받아들이는 것도 예사로운 일은 아니다. 그러나 그 날 그들은 즉시 응답했다.

저 삼천 명의 이야기는 우리가 아닌 **그들의** 이야기지만 우리에게 중요한 사실을 가르쳐 준다. 즉 그들이 어떻게 하면 좋을지 물었을 때 베드로가 답변한 방식에 이렇다 할 특별한 것이 없었다는 점이다. 그가 한 일이라고는 예수님 말씀을 그대로 들려준 것뿐이었다. 그리고 그 날 예루살렘 사건 이후, 교회의 핵심 소명은 언제나 똑같다.

따라서 그 날 그들에게 한 베드로의 답변은 예수님께 어떤 반응을 보여야 하는지 알기 원하며 그분을 따르느라 산전수전 다 겪게 될 우리 모두에게 시사하는 바가 크다.

분명한 부르심

그 날 베드로는 사람들이 무엇을 해야 하는지 분명히 말했다. "회개하십시오. 그리고 여러분은 각각 세례를 받으십시오." 베드로는 그들이 회개하고 세례를 받아야 한다고 분명히 권했다.

회개를 뜻하는 그리스어 '메타노이아'(metanoia)는 생각을 바꾼다는 것을 의미한다. 그것은 완전히 돌아선다는 뜻이다. 이전의 삶, 이전의 세계관, 이전의 고정관념, 이전의 자세를 뒤로 하고…예수님과 그분의 메시지로 향한다는 뜻이다. 회개는 유턴하여 당신이 들렸던 메시지를 마주하고 받아들이는 것이다. 회개란 일종의 항복이다. 그것은 위대한 왕이신 예수님 앞에 무릎 꿇고 자신의 생명을 그분께 드리는 행위다.

예수님은 처음부터 회개의 메시지를 전하셨다. "예수께서 갈릴리에 오셔서, 하나님의 복음을 선포하셨다. '때가 찼다. 하나님의 나라가 가까이 왔다. 회개하여라. 복음을 믿어라!'"(막 1:14-15).

그분은 (베드로를 비롯한) 자신의 제자들에게, 가서 이 단순한 부르심을 전하라고 이르셨다. 예수님은 이렇게 당부하셨다. "너희는 가서, 모든 민족을 제자로 삼아서, 아버지와 아들과 성령의 이름으로 세례를 주고, 내가 너희에게 명한 모든 것을 그들에게 가르쳐 지키게 하여라"(마 28:19-20).

회개 메시지는 따라서 베드로의 창작물이 아니었다. 그것은 예수님이 베드로에게 전하라고 이르신 것이었다. 그는 이제 사람들에게 회개하고 세례를 받으라고 촉구할 터였다. 그는 명령을 이행한다. 그 날 이 시점에서 베드로가 예수님 이야기를 다시 꺼내지 않음에 주목하라. 그는 사람들에게 구체적인 행동 지침을 전한다. 이제 행동에 착수하고 반응을 나타낼 때가 왔음을 베드로는 누구보다도 잘 안다. 그러니까 여기에 다른 이야기가 들어설 여지는 없다. 오로지 부르심뿐이다. 그리고 그러한 부르심은 적절하다.

베드로가 예수님 이야기를 두 번째로 할 때 우리도 똑같은 부르심을 받는다. "그러므로 너희가 회개하고 돌이켜 너희 죄 없이 함을 받으라. 이같이 하면 새롭게 되는 날이 주 앞으로부터 이를 것이요"(행 3:19). 부르심이란 언제나 그렇다. 베드로는 예수님의 말씀을 그대로 전할 뿐이다. 교회 역시 줄곧 그렇게 해 왔다.

사도행전을 통독해 보라. 사람들이 예수님 이야기에 마음이 찔리면 회개하고 세례를 받는다는 사실을 알게 될 것이다. 성경의 한 책을 통해 예수님 이야기를 접한 에티오피아 관리는 회개하고 세례를 받는다(행 8장). 기도 중에 하나님으로부터 메시지를 들은 사울은 회개하고 세례를 받는다(행 9장). 예수님을 따르는 사람들에게 처음으로 그리스도인이라는 이름이 붙여졌던 안디옥에서 우리는 동일한 현상을 목격한다(행 11장). (바울이 빌립보에서 예수님 이야기를 전하는 것을 들은 두아디라의 시민) 루디아가 바울의 말을 귀담아 들은 후 식구 모두가 세례를 받는다(행 16장). 그리고 같은 장 후반부에 나오는 간수 역시 그러하다.

그것은 지금도 계속된다. 내 친구 매튜를 기억하는가? 자라면서 그리스도인들과 그들의 우스꽝스런 티셔츠를 몹시 싫어했던 친구 말이다. 그런데 예수님 이야기를 직접 들은 매튜는 그분에게 마음이 끌렸고 자신이 들은 예수님 소식에 어떻게든 반응하고 싶어졌다. 또 예수라는 인물에 호기심을 느낀 나머지 그분의 팬이 되었다. 하지만 그가 마침내 깨달은 사실이 있다. 예수님과 그분의 나라에 대한 이 소식에 반응하려면 자신의 모든 존재를 걸어야 한다는 것을.

매튜는 예수님과 그분의 더러운 발을 흠모하고 싶었다. 나아가 자신의 발도 더럽히고 싶었다. 그러면서 그는 예수님께 반응한다는 게 무슨 뜻이냐고 내게 물었다. 나는 예수님이 제자들에게 하신 말씀을, 베드로가 그 날 모여든 군중에게 한 말을, 그 날 이후 교회가 사람들에게 촉구해 온 것을 말해 주었다. 회개하고 세례를 받아야 한다. 그는 내 말대로 했다. 매튜는 예수님을 삶의 주인으로 모셨고 세례를 받았다.

어느 날 매튜는 땅에서 홀로 기도하다가 예수님 앞에 무릎을 꿇었다. 나중에는 살을 에는 차가운 툴더 강가에서 세례를 받았다. 매튜는 그런 친구였다. 회개하고 세례를 받으라는 부르심에 반응하는 것은 개인 각자다. 따라서 사람마다 회개와 세례의 모습이 조금씩 다를 수밖에 없다. 그 날 예루살렘에서 아브람은 별 망설임 없이 반응했다. 하지만 한참이나 망설이는 경우도 더러 있다. 매튜는 부르심의 목적이 무엇인지 깨닫고 몇 주가 지나서야 회개하고 세례를 받겠다고 결심했다. 내가 아는 어떤 사람은 몇 년이 지나서야 부르심에 응답했다.

이제 세례 이야기를 해 보자. 예루살렘에서는 세례를 베풀 때 사람들을 물(시내나 강처럼)에 푹 담그는 게 관행이었다. 지금도 많은 교회들이 그러한 전통을 따른다(더러 수영장을 이용할 때도 있다는 말까지 들었다). 건물 안에 설치한 대형 욕조에서 세례를 베푸는 교회들도 있다. 물을 몸에 붓거나 뿌리는 교회들도 있다. 물이 부족할 때면 대신 모래를 사용하기도 했다. 이처럼 유형이 다양하다고 해서 눈이 휘둥그레질 것까지는 없다. 중요한 것은 세례를 받는다는 사실이다. 그것이 바로 예수님이 강조하신 바였다. 그분은 특정한 세례 방식을 고집하지 않으셨다.

유아 세례―그리스도인 부모님에 의한 약속 세례―를 받은 사람이 어른이 되어 예수님을 따르기로 결심한 후 회개하고 다시 세례를 받는 경우가 더러 있다. 이와 배경은 비슷하지만 세례를 다시 받지 않는 경우도 있다. 전자는 부모님이 약속한 세례를 인정한다. 그들은 약속 세례를 완전히 받아들인다. 그리하여 오래 전 그들을 대신해 했던 약속을 성취한다.

세례와 관련된 세부 사항은 대체로 그 모습이 다양하다. 하지만 회개하고 세례를 받으라는 부르심은 실라와 디몬의 시대나 지금이나 마찬가지다.

분명한 약속

회개하고 세례를 받으면 어떤 결과가 따를까? 죄를 용서받고 성령을 선물로 받게 될 것이다. 베드로는 그 날 이 사실을 분명히 언급했다.

메시아가 오시면 죄 용서를 이루리라는 예언은 오래 전부터 있었다. (예수님이 오시기 700년보다 더 오래 전에 살았던) 선지자 이사야는 메시아의 오심을 이렇게 묘사했다.

그는 실로 우리가 받아야 할 고통을 대신 받고,
　우리가 겪어야 할 슬픔을 대신 겪었다.
그러나 우리는, 그가 징벌을 받아서 하나님에게 닿으며,
　고난을 받는다고 생각하였다.
그러나 그가 찔린 것은 우리의 허물 때문이고,
　그가 상처를 받은 것은 우리의 악함 때문이다.
그가 징계를 받음으로써 우리가 평화를 누리고,
　그가 매를 맞음으로써 우리의 병이 나았다.
우리는 모두 양처럼 길을 잃고,
　각기 제 갈 길로 흩어졌으나,
주께서 우리 모두의 죄악을 그에게 지우셨다(사 53:4-6).

이 예언들은 예수님 안에서 성취되었다. 그분은 죄를 용서하기 위해 오셨다. 이 메시지는 그분의 가르침에 녹아들어 있다.

죄 용서의 가르침 중 가장 널리 알려진 것은 누가복음 15장에 나오는 탕자의 비유다. 아들은 아버지를 함부로 대하고 그에게 죄를 짓는다. 아들은 멀리 도망쳐 쓰레기 같은 삶을 산다. 그러던 어느 날 아들은 회개한다(생각을 고쳐먹고 돌아선다). 그가 집으로 돌아오자 아버지는 기다렸다는 듯이 팔을 활짝 벌려 환대한다. 그리고 용서를 베푼다.

죄를 용서한다는 이 메시지는 채찍에 맞으시고 죽임을 당하신 예수님 이야기에 녹아들어 있다. 예수님이 예루살렘에서 겪으신 일은 사복음서의 핵심을 이룬다. 그 이야기는 십자가에 달려 돌아가신 예수님 이야기다. 그리고 "주께서 우리 모두의 죄악을 그에게 지우셨다"(사 53:6)는 이사야의 예언은 십자가에서 성취되었다. 그 날 예수님은 우리 죄를 대신 짊어지셨다. 그리고 그분에게로 돌아서는 한나와 아브람을 비롯한 모두에게 용서를 베푸셨다.

초대교회가 죄 용서에 대해 입이 닳도록 그리고 그처럼 감동적으로 이야기한 것은 당연했다. 베드로는 유대인들에게 귀가 따갑도록 죄 용서를 말한다. "이 예수를 두고 모든 예언자가 증언하기를, 그를 믿는 사람은 누구든지 그의 이름을 힘입어 죄사함을 받는다 하였습니다"(행 10:43). 바울의 설교에서 죄 용서는 단골 메뉴다. "형제 여러분, 바로 이 예수로 말미암아 여러분에게 죄의 용서가 선포된다는 것을, 여러분은 알아야 합니다"(행 13:38). 그리고 그는 자신이 보내는 편지에서 죄 용서를 감동적으로 묘사한다. "아버지께서 우리를 암흑의 권세에서 건져 내셔서, 자기의 사랑하는 아들의 나라로 옮기셨습니다. 우리는 그 아들 안에서 구속, 곧 죄사함을 받았습니다"(골 1:13-14).

예수님의 교회는 초창기부터 죄사함의 약속을 선포해 왔다. 베드로는 죄사함의 메시지를 받아들이면 **두 가지** 결과가 따를 것이라고 실라와 미리암을 비롯한 나머지 사람들에게 분명히 말했다. 그것은 죄를 용서받고, '성령을 선물로 받는' 것이다.

거듭 말하지만 죄사함은 베드로가 지어낸 것이 아니다. 정확히 그것은 예수님이 친히 약속하신 바였다. 예수님은 자신의 승천을 제자들에게 처음으로 예고하시면서 그 다음 계획을 말씀하셨다. "내가 아버지께 구하겠다. 그러면 아버지께서 다른 보혜사를 너희에게 보내셔서, 영원히 너희와 함께 있게 하실 것이다. 그분은 진리의 영이시다.…너희는 그분을 안다. 그것은 그분이 너희와 함께 계시고 또 너희 안에 계시기 때문이다. 나는 너희를 고아처럼 버려두지 않고, 너희에게 다시 오겠다"(요 14:16-18).

예수님은 분명히 말씀하셨다. 성령께서 오시면 자신의 제자들 가운데 '거처'를 정하시고, 그들에게 자신이 말한 모든 것을 생각나게 하시며, 자신에 관해 증언하실 것이다(요 14:23, 25-26). 예수님은 성령을 '보혜사'(Advocate)라고 일컬으셨다. 이 말에 해당하는 그리스어 '파라클레테'

(*paraclete*)는 글자 그대로 '곁에 있는 자'를 뜻한다. 성령은 그분의 백성 가운데 거하시는 하나님의 살아 있는 임재다.

이것이 정확히 바로 그 날 예루살렘에서 베드로가 받은 것이다. 예수님은 베드로를 비롯한 여러 제자들에게 이렇게 말씀하신 바 있다. "예루살렘을 떠나지 말고 내게서 들은 바 아버지께서 약속하신 것을 기다리라.···오직 성령이 너희에게 임하시면 너희는 권능을 받고 예루살렘과 온 유대와 사마리아와 땅 끝까지 내 증인이 되리라···"(행 1:4, 8).

성령의 이 첫 강림에 비추어 우리는 예수님을 위시한 뭇사람들이 성령을 '선물'로 일컫는 까닭을 정확히 이해하게 된다. 성령은 선물이다. 하나님의 임재가 사람들을 서서히 변화시켜 더 아름답고 겸손하며 진실한 사람으로 만들기 때문이다. 성령은 선물이다. 사람들을 서서히 치유하기 때문이다. 훗날 바울은 이러한 변화를 다음과 같이 묘사했다. "성령의 열매는 사랑과 기쁨과 평화와 인내와 친절과 선함과 신실과 온유와 절제입니다.···우리가 성령으로 삶을 얻었으니, 우리는 성령이 인도해 주심을 따라 살아갑시다"(갈 5:22, 23, 25).

성령은 선물이다. 예수님이 베드로와 다른 제자들에게 약속하셨듯이 영혼을 치유할 뿐 아니라 '능력' 또한 주시기 때문이다. 바울은 그것을 이렇게 묘사한다. "각 사람에게 성령을 나타내시는 것은 공동의 이익을 얻게 하려고 하시는 것입니다. 어떤 사람에게는 성령으로 지혜의 말씀을 주시고, 어떤 사람에게는 같은 성령으로 지식의 말씀을 주십니다. 어떤 사람에게는 같은 성령으로 믿음을 주시고, 어떤 사람에게는 같은 성령으로 병 고치는 은사를 주십니다. 어떤 사람에게는 기적을 행하는 능력을 주시고, 어떤 사람에게는 예언하는 은사를 주시고, 어떤 사람에게는 영을 분별하는 은사를 주십니다. 어떤 사람에게는 여러 가지 방언을 말하는 은사를 주시고, 어떤 사람에게는 그 방언을 통역하는 은사를 주십니다. 이 모든 일은 한 분이신 같은 성령이 하시며, 그분은 자기가 원하는 대로 각 사람에게 은사를 나누어 주십니다"(고전 12:7-11).

마지막 절에 나오는 '그의 뜻대로'는 성령을 '선물'로 지칭하는 것이 적절한 또 다른 이유를 암시한다. 성령은 하나님이 보내 주시기에 소유물이 아니다. 성령은 우리가 통제하거나 조종할 수 있는 그 무엇이 아니다. 성령은 도구가 아니다. 성령은 하나님의 임재다. (사도행전 8장의 마술사 시몬처럼) 그 선물을 쥐락펴락 해 보라. 그러면 성령이 정말로 선물임을 실감하게 되리라. 성령은 가로채거나 돈으로 살 수 있는 게 아니다.

성령은 **하나님이 결정하시는 대로** 주시는 선물이다. 그 선물이 어떤 모습일지, 받으면 기분이 어떨지에 대해서는 아무런 약속이 없다. 성령은 커다란 감동으로 오는가 하면 영혼 깊은 곳에서 속삭이기도 한다. 성령은 뚜렷하면서도 물리적인 형태로 나타나는가 하면 내적인 변화의 형태를 띠기도 한다. 성령은 분류와 분석과 규정의 대상이 아니다. 성령은 신비롭고 아름답고 친근하고 개인적이다. 하나님이 결정하시는 바에 따라 형태를 달리한다.

내 친구 매튜는 (회개하고 세례를 받은 후) 돌연 놀라운 변화를 겪었다. 자신이 다니는 학교 음악과에서 따돌림당하는 학생을 더 이상 놀릴 수 없다는 것을 느낀 것이다. 매튜는 틈만 나면 그녀를 놀려댔다. 하지만 거듭나 예수님 나라에 들어가자 그녀에게 연민의 정이 느껴졌다. 그는 그녀를 더 이상 따돌리지 않았다. 그리고 그녀를 섬겨야겠다는 열망에 사로잡혔다. 이는 하나님의 성령이 매튜 안에 거하신다는 확실한 표지였다. 성령의 임재는 선물이다.

또 다른 친구 신디도 회개하고 세례를 받았다. 그녀는 하나님 나라에서 새로 시작된 삶이 마냥 좋았다. 그런데 어느 날 그녀가 기숙사 방에서 홀로 기도하고 있을 때 자신도 모르게 방언이 터져 나왔다. 불더 강가에서 세례를 받은 지 어언 2년이 지나서였다. 그녀는 방언이라고는 들어 보지도 못했다. 더구나 자신이 방언을 하게 되리라고는 꿈에도 생각하지 못했다. 하지만 방언은 그녀가 영혼 깊은 곳에서 드리는 기도에 날개를 달아 주었다. 그것은 하나님의 성령이 그녀 안에 임재한다는 확실한 표지였다. 성령은 선물이다.

이 선물이 당신 친구들에게 나타나는 모습은 당신에게 나타나는 모습과 다르다. 성령이 올해 당신 안에 거하시는 의미는 내년에 거하시는 의미와 다르다. 하지만 분명한 사실이 있다. 베드로가 아브람을 비롯한 많은 사람들에게 말했듯이, 회개하고 세례를 받으면 죄사함을 받고 성령을 선물로 받는다는 점이다.

명확한 전체 그림

그 날 예루살렘에서 베드로는 두 가지를 분명히 언급했다. 하나는 회개하고 세례를 받으라고 촉구한 것이며, 다른 하나는 그렇게 하면 죄를 용서받고 성령을 선물로 받게 된다는 것이었다. 나아가 그는 회개하는 일, 세례받는 일, 죄를 용서받는 일, 성령을 선물로 받는 일, 이 네 가지 중 어느 일이 처음에 일어나는지 그 **이유**를 명확히 설명했다. 그것은 하나님의 역사다.

"이 약속은 여러분과 여러분의 자녀와 또 멀리 떨어져 있는 모든 사람들, 곧 **주 우리 하나님께서 부르시는** 사람 모두에게 주신 것입니다"(행 2:39). 베드로는 이렇게 말했다.

베드로는 관점을 달리해 사람들로 하여금 당시 진행중이던 이야기의 다른 측면으로 시선을 돌리게 했다. 예수님을 따르는 자들은 왜 그런 소동을 일으켰을까? 군중은 왜 그 소동에 관심이 쏠렸을까? 베드로는 왜 예수님 이야기를 했고, 그 이야기를 들은 사람들은 왜 마음이 크게 찔렸을까? 그리고 왜 그들 중 어떤 사람들은 그 날 실제로 회개하고 메시지를 받아들이고 세례를 받아 교회의 일원이 되었을까? 베드로의 답변은 엄청나면서도 서사시적이며 불가사의하다. 그 모든 일이 일어나는 것은 하나님이 그들을 자신의 나라로 불러들이시기 때문이라는 것이다.

이는 아브람과 실라와 디몬의 입장에서 **실질적인**(말 그대로 실질적인) 선택을 할 수 없다는 뜻은 분명 아니다. 그들이 겪는 내적 갈등, 그들이 내리는 결정, 그들이 느끼는 감정, 생각, 두려움 및 소망이 상상의 산물이라는 뜻도 아니다. 사실상 다음 몇 구절에서 보듯이, 베드로가 그들에게 촉구하는 자세는 (마치 그들에게 아무런 결정권이 없기라도 하듯) 수동적이거나 맥 빠진 게 아니다. 오히려 "베드로는 이 밖에도 많은 말로 증언하고, '잘못된 세대로부터 구원을 받으라'고 그들에게 권하였다"(행 2:40)라는 말을 보게 된다.

베드로는 그들에게 **권한다**. 그들에게 구원을 받으라고 **촉구한다**. 이제 공은 그들에게 넘어간다. 결단할 것인가, 주저앉을 것인가? 그 사람들은 이제 결단을 실행에 옮긴다. 베드로의 메시지를 받아들이는 것이다. 그것은 분명 의지의 작용이다.

하지만 우리는 여기서 두 가지 사실을 짚고 넘어가야 한다. 하나는 그 약속이 하나님이 부르시는 사람 모두에게 주신 것이라고 베드로가 말한다는 사실이다. 다른 하나는 예수님이 하나님께 기도하시면서 자신을 따르는 자들을 (아버지께서) '세상에서 택하셔서 **내게 주신** 사람들'과 (아버지께서) '**내게 주신** 자'(요 17:6, 24, 저자 강조)라고 일컬었다는 사실이다. 바울은 "그러므로 (구원은) 사람의 의지나 노력에 달려 있는 것이 아니라, 하나님의 자비에 달려 있다"(롬 9:16)고 명백히 말한다.

사도행전을 계속 읽다 보면 사람들이 구원의 메시지를 받아들이면서 믿겠다고 결단하는 대목이 나온다. 우리는 그러한 결단에서 하나님의 손길이 작용하고 있음을 엿본다. 당신은 두아디라의 루디아를 기억하는가? 여기서 루디아가 집안 식구와 함께 세례를 받기 전 "주께서 그의 마음을 여시었으므로, 그는 바울의 말을 귀담아 들었다"(행 16:14)는 말을 듣게 된다.

신비가 아닐 수 없다. 인간의 선택은 하나님의 촉구와 선택과 확증의 결과임이 여기서 드러난다 우리는 인간을 위해 모든 자비하심과 행동으로 선포되는 하나님의 주권적 손길을 발견한다. 그리고 그것은 신비다.

실라와 디몬에게 예수님 이야기는 상상 외로 중요했다. 그 이야기에는 줄곧 지속되어 왔지만 그들이 전혀 알지 못했던 측면이 있다. 그것은 예수님 이야기가, 단순히 그들이 하나님을 발견하는 이야기가 아니라 하나님이 인간을 부르시는 이야기라는 사실이다. 베드로는 예수님 이야기에 이러한 양면성이 있다고 단언하면서 그 점을 명백히 설명한다. 그런 후에 이 신비롭고 장엄한 이야기 속으로 들어간다. 구히 바다보다 더 넓은 이야기를 선포한다.

내 기억에, 예수님 이야기는 점차 회개의 길로 접어들던 내게 박진감과 고통과 혼란과 즐거움을 한꺼번에 안겨 줬다. 예수님 이야기는 나로 하여금 수없이 토론하고 생각에 잠기고 충동을 느끼고 질문을 던지게 했다. 이는 부인할 수 없는 사실이기에 결코 잊지 못할 것이다. 뜬눈으로 지새운 날도 많았다. 영혼 깊은 곳에서 생각이 멈추질 않았다. 그것은 실로 고통스런 경험이었다. 그 후 머릿속에 떠오르는 온갖 질문과 생각과

4장 부르심

아이디어를, 마침내는 이런저런 결정과 선택을 일기장에 가득 채웠다. 낙서하듯 왼손으로 막 휘갈겨 썼다.

지난 일들을 뒤돌아본다. 이제 예수님 이야기가 더 또렷이 이해된다. 내가 그 때 무슨 일을 했는지 모른다는 이야기가 아니다. (나는 아직도 일기장을 보관하고 있다!) 당시 하나님의 관심이 어디에 있었는지 이제야 좀 안다는 뜻이다. 그분이 내 삶에서 관대하셨고 얼마나 적극적으로 개입하셨는지 알겠다. 그분이 얼마나 주권적으로 상황을 다스리셨는지 알겠다. 그분의 손길이 어떻게 내 안에서, 내 곁에서 역사하셨는지 알겠다. 그분이 어떻게 나를 자신에게로 인도하셨는지 이제 알 것 같다.

이 얼마나 놀라운 이야기인가! 하나님이 몸소 나를 찾고 계셨다니, 이 얼마나 위대한 진리인가! 나는 이 진리를 꼭 붙잡아야 한다. 내게 일어난 일, 내 안에서 일어난 일, 그것은 단순히 인간의 행위가 아니라 하나님의 행위이기도 하다. 예수님이 니고데모에게 하신 말씀—성령으로 거듭난 자만이 하나님 나라에 들어갈 수 있다(요 3장)—은 내게 큰 위로가 된다. 나는 깨닫는다. 자궁 속의 아기처럼 나 역시 스스로 태어날 수 없다. 나는 내 자신보다 더 위대한 분의 힘이 필요했다. 나는 탄생과 생명을 선물로 받아야 했다. 내가 신비로운 예수님 이야기의 일부라니, 이 얼마나 놀라운 일인가!

베드로는 예수님 이야기에 반응한다는 것이 무슨 뜻인지 군중이 확실히 알기 원했다. 그리고 그들이 그러한 결정을 내릴 수 있었던 정황이 얼마나 은혜로운지도…. 베드로는 군중에게 입을 다물 수 없을 정도로 경탄하라고 권했다. 그들이 거듭나고 그들의 삶에 펼쳐진 위대한 이야기가 쓰이기까지 하나님이 어떻게 임재하셨고, 활동하셨으며, 친밀감을 보이셨는지에 대해 말이다.

◎ 이제 내가 할 일은?

1. 부르심이 무엇인지 확실히 알라.

아브람과 한나는 정확히 어떻게 해야 하는지 물었다. 베드로는 회개하고 세례를 받으라그 권했다. 그것이 부르심이다. 예수님을 따르라는 부르심이 무엇인지, 예수님 이야기에 반응한다는 것이 무슨 의미인지에 대해 이와 다른 이야기를 들었다면 당신은 생각을 조금 바꿔야 할 것이다.

더러 부르심에 관해 들었더라도 그것이 우리의 사례 연구가 드러내는 것에 훨씬 **못 미칠** 수 있다. 내가 만난 사람들은 예수님을 면밀히 탐구한 끝에 교회에 정기적으로 출석하기 시작했다. 하지만 세례에 관해서는 전혀 들은 바가 없어 세례받을 생각조차 하지 않았다. 이것은 분명 예수님을 따르는 일의 핵심을 놓치는 것이다.

내가 만난 어떤 사람들은 예수님을 교사로만 들어 알고 있었다. 그들은 그분의 가르침을 일부 연구한 결과 예수님을 존경의 대상으로 느끼고 그분의 가르침을 일부 삶에 적용한다. 하지만 우리가 예수님의 삶과 말씀에서 보듯이 그것은 선택 사항이 아니다. 왜냐하면 예수님이 원하시는 바는 **회개**이기 때문이다. 그분은 사람들에게 자신의 주되심과 권세에 복종하라 명하신다. 그분은 우리가 온전한 사람이 되기를 바라신다. 회개하라는 부르심이 너무도 중요해 꼭 붙잡아야 하는 이유가 거기에 있다.

회개하고 세례를 받으라. 달리 지름길은 없다. 거기에 못 미치는 것은 무엇이든 복음에 대한 응답이 아니다.

그런데 어떤 사람들은 회개하고 세례를 받으라는 부르심보다 **더 많은** 것을 들었다. 그들이 들은 바로는 우리 삶을 예수님께 맡기는 데는 훨씬 더 많은 요구 조건이 따른다.

예를 들어, 어떤 사람들은 세례를 받되, 특정 교회에서 혹은 특정 방식으로 받거나 일정한 양의 물을 사용해야 한다는 말을 들었다. 또 어떤 사람들은 회개는 물론이려니와 **먼저** 자신의 행실 몇 가지를 바로잡아야 하나님이 그들을 받아들이시거나 기뻐하시거나 죄 용서의 확신을 주실 수 있다는 인상을 받았다. 자신의 회개가 '효력을 발휘하길' 원한다면 정해진 방식으로 살거나 일정액의 기부금을 내거나 정해진 방식으로 사물을 보거나 기도하거나 말해야 한다고 그들은 생각한다.

우리로 하여금 성령을 받아 변화되고 새로워지는 세계로 들어가게 하는 것이 회개임을 감안할 때 이런 부르심은 정말 이해가 안 된다. 아직 성령을 선물로 받지 않은 사람들에게 내적인 변화를 기대하는 것은 어리석다.

정확히 이런 이유로 우리의 사례 연구는 상당히 유익하다. 이 연구는 우리로 하여금 처음으로 들어가 예수님을 따른다는 것의 진정한 의미가 무엇인지 깨닫게 해준다. 당신이 들은 것이 그 날 아브람과 한나를 비롯한 나머지 사람들이 받은 부르심을 능가하든 그에 못 미치든 상관없다. 우리도 부르심이 무엇인지 분명히 알 수 있다.

2. 약속을 붙들라.

예수님의 부르심에 대한 응답을 화제로 삼는다는 것은 진정한 거듭남을 화제로 삼는다는 뜻이다. 예수님의 부르심은 탄생에 관한 이야기인데, 닳고 냉소적이며 쾌락에 빠진 정신으로서는 거의 생각조차 할 수 없는 이야기다. 우리는 이 이야기에 눈뜨는 것이 익숙하지 않다.

우리는 지금 우리 안의 뿌리 깊은 죄와 오염을 모두 용서해 주는 것과 같이 광대한 실재에 관해 이야기하고 있다. 우리는 지금 하나님의 성령, 곧 우리 곁에 계시는 창조주 하나님의 거칠 것 없고 자유로운 임재에 관해 이야기하고 있다. 우리는 지금 절제와 친절과 같은, 우리로서는 거의 꿈조차 꿀 수 없는 열매를 우리 안에서 맺게 하는 성령에 관해 이야기하고 있다. 우리는 지금 우리를 통해 치유와 가르침과 인도와 방언 같은 은사를 보여 주는 성령에 관해 이야기하고 있다. 이것이 바로 우리의 관심사다.

우리가 예수님의 제자가 되어 산전수전 다 겪는 일이 관해 이야기할 때, **우리의** 행동(그리고 생각과 결정과 의지)과 (그분을 택할 모든 이를 부르시는) **하나님의** 주권적 약속 둘 다를 망라할 만큼 거대하면서도 보편적인 그 무엇을 고찰하는 것이다.

그러니까 당신이 그리스도인이라 불리는 이 옷에 조심스럽게 손가락을 대면서, 이 옷을 입고 '그리스도인의 숫자를 불리는' 것이 과연 어떤 것인지를 생각한다면, 그 때 비로소 당신이 고찰하고 있는 이 거듭남에 함축된 진정한 서사시적 성격을 알게 될 것이다. 이것은 새로운 종교를 기웃거리거나 새로운 인생 철학을 받아들이거나 지금보다 나은 사람이 되거나 사교 모임에 가입하는 것과 같은 소소한 이야기가 아니다. 명심하라. 당신이 지금 숙고하고 있는 것은 몹시 광대해 영혼의 눈을 크게 뜨더라도 이 약속들에 담긴 온전한 영광과 온전한 성격을 제대로 읽어 낼 수 없을 것이다.

당신이 이미 예수님을 따르는 자가 되었다면 이 새 생명이 무엇을 말하는지 제대로 그리고 확실히 알아야 한다. 베드로가 그 날 예루살렘의

이 약속들에 관해 좀더 알고 싶다면 신약 성경의 에베소서라는 책의 첫 두 장을 유심히 읽어 볼 것을 권한다. 에베소서는 바울이 보낸 짤막한 서신으로, 예수님을 따르는 다양한 무리가 예수님 안에서 발견한 새 생명을 더욱더 잘 누리도록 도와준다. 에베소서는 예수님을 따르는 자들이 누리는 생명의 위대한 실체를 선포하고 붙드는 놀라운 이야기다. 에베소서를 읽을 때마다 내 눈은 언제나 더 활짝 열려 지금 부분을 차지하는 이 엄청난 이야기에 대해 더 많은 것을 알게 된다.

군중에게 선포한 약속들은 바로 예수님이 당신에게 선포하시는 약속이다. 당신은 이미 이 선물들을 받았다.

그 선물들을 붙들고, 묵상하고, 마음껏 누리라. 그리고 이 선물은 하나님이 더없이 크신 자비로 당신에게 베푸신 생명임을 알라.

2부
살아 있다는 기쁨

예수님은 자신을 따르는 자들에게 풍성한 삶을 주기 위해 왔다고 말씀하셨다.
그렇다면 그분을 맨 처음 따랐던 사람들은 정확히 어떤 삶을 살았는가?
그런 삶은 오늘날 어떤 모습일까?

5장 사도들의 가르침
이천 년 동안 계속된 귓속말 잇기

이제 우리는 전환점에 이르렀다. 우리의 사례 연구는 지금까지 탄생의 경이로움에 초점을 맞추어 왔다. 우리는 아브람과 디몬과 니가노르와 실라가 거듭나는 과정을 지켜보았다.

이제 그들은 거듭나 활기찬 삶을 산다. 이 책의 후반부에서는 그들의 활기찬 삶을 집중적으로 살펴볼 것이다. 거듭난 아자리야와 미리암의 삶은 어떠했는가? 예수님을 왕으로 모시고, 죄사함을 받고, 예수님의 영을 안에 모셔 들인 그들의 삶은 어떠했는가?

그의 말을 받아들인 사람들은 세례를 받았다. 이렇게 해서, 그 날 신도의 수가 약 삼천 명이나 늘어났다.

그들은 사도들의 가르침에 몰두하며, 서로 사귀는 일과 함께 음식을 먹는 일과 기도에 힘썼다. 사도들을 통하여 기이한 일과 표적이 많이 일어났다. 그리하여 모든 사람에게 두려운 마음이 생겼다. 믿는 사람은 모두 함께 지내면서, 모든 것을 공동으로 소유하고, 재산과 소유물을 팔아서, 모든 사람에게 필요한 대로 나누어 가졌다. 그리고 날마다 한 마음으로 성전에 열심히 모이고, 집마다 빵을 떼면서, 순수한 마음으로 기쁘게 음식을 먹고, 하나님을 찬양하였다. 그래서 그들은 모든 사람에게서 호감을 샀다. 주께서는 구원받는 사람을 날마다 더하여 주셨다(행 2:41-47).

디몬과 니가노르의 삶의 현저한 특징을 보여 주는 세 단어가 있다. "그들은 헌신했다"(They devoted themselves, 위 본문에서는 '몰두하며', '힘썼다')가 그것이다. 그들의 회개와 세례는 헌신으로 이어졌다.

헌신을 뜻하는 그리스 원어는 '프로스카르테룬테스'(proskarterountes)다. 이 단어는 '~을 향하여'를 의미하고 그것보다 더 강한 의미를 함축하는 '프로스'(pros)와, '강한'을 뜻하는 '카르테로스'(karteros)가 합쳐진 말이다. '프로스카르테룬테스'의 문자적 의미는 '~을 향해 강해지다'지만 무언가를 꾸준하게 지속한다는 언외의 의미도 있다. 그 단어는 종종 '끝까지 해내다'(persevere in)로 번역된다.

헌신은 특이한 현상이다. 그것은 훈련과 사랑이 어우러져 무언가를 향해 고집스러울 정도로 강하고 단순하게 주의를 기울이는 상태와 흡사하다. 거듭난 실라와 그의 친구들을 묘사하는 데 사용된 첫 단어가 헌신임은 의미심장하다.

그런데 그들이 헌신한 대상은 정확히 무엇이었는가? 그들이 '헌신한' 네 가지는 사도들의 가르침, 교제, 성찬, 기도였다. 별로 놀라울 것이 없다. 그리고 이 네 가지는 예수님이 자신을 따르는 자들에게 전념하라고 분명히 요구하셨던 것이다. 이 네 가지 활동은 그들의 새로운 삶에서 중심을 이루었다.

우리는 다음 네 장에서 이 네 가지 헌신을 차례로 검토할 것이다. 우선 사도들의 가르침에 대해 살펴보겠다. 사도들의 가르침은 정확히 무엇이었는가? 그들의 가르침에 헌신한다는 것은 무엇을 의미하는가? 가르침에 몰두한다는 것은 오늘날 어떤 모습일까?

사도들의 가르침의 핵심은 예수님이다

당신이 해야 할 일은 사도들(맨 처음 예수님을 따랐던 자들)의 설교와 편지를 읽고 그들의 가르침이 정확히 무엇인지 파악하는 것이다. 거듭 당연한 이야기가 되겠지만, 그들의 가르침의 핵심은 예수님이었다. 그분은 그들이 전하는 메시지의 중심이었다.

사도들은 그분의 정체와 그분이 하신 일 그리고 그분의 가르침에 관해 이야기했다. 그들은 그분의 삶과 그분의 끔찍한 죽음과 그분의 부활에 관해 이야기했다. 그들은 그분의 온갖 비유, 그분의 약속 그리고 그분과 사람들의 교제에 관한 이야기를 반복했다. 그들은 예수님이 회개와 세례와 성령과 죄사함에 관해 하신 말씀을 전했다. 그들은 메시아 예수님이 오심으로써 히브리 성경의 예언들이 어떻게 성취되었는지에 관해 이야기했다. 그들은 위대한 왕이신 그분에 관해 이야기했다.

예수님은 승천해서 자신의 제자들에게 성령을 보내기에 앞서 몇 가지 특별한 명령을 내리셨다. "너희는 가서, 모든 민족을 제자로 삼아서, 아버지와 아들과 성령의 이름으로 세례를 주고, 내가 너희에게 명한 모든 것을 그들에게 가르쳐 지키게 하여라. 보아라. 내가 세상 끝날까지 항상 너희와 함께 있을 것이다"(마 28:19-20). 그들은 이제 예수님께 배운 모든 것을 새로운 신자들에게 가르쳐야 할 터였다.

"너희는 나의 증인이 될 것이다." 예수님은 사도들에게 또한 그렇게 이르셨다(예를 들면, 행 1:8). 그들은 무언가(예수님)를 보았기에 이제 자신이 목격한 것을 증언해야 한다. 사도들의 가르침에서 하나부터 열까지 예수님이 핵심인 이유가 거기에 있다.

예수님은 사도들이 위대한 왕인 자신에 관해 증언하는 이 단순한 일을 도와주겠다고 약속하셨다. 그분은 이렇게 약속하셨다. "내가 아버지께로부터 너희에게 보내려는 보혜사, 곧 아버지께로부터 오는 진리의 영이 오시면, 그 영이 나를 증언하실 것이다. 너희도 처음부터 나와 함께 있었으므로, 나의 증인이 될 것이다"(요 15:26-27).

그리하여 사도들은 예수님에 관해 증언했다. 실라와 그의 친구들은 사도들의 증언에 몰두했다. 그들은 예수님, 곧 그분의 삶과 가르침과 죽음과 비유와 부활과 기적 그리고…그 모든 것에 관한 이야기에 몰두했다. 사도행전의 나머지 부분을 읽어 보라. 이것이 바로 그들이 사도들에게 배우고 있었던 내용임을 알게 될 것이다. 사도들이 예수님을 새로이 따르는 자들에게 보낸 편지들을 읽어 보라. 거기서도 이 사실을 확인하게 될 것이다.

그러나 사도들은 그저 사람들의 호기심이나 충족시킬 생각으로 예수님에 대해 가르친 것이 아니었다. 그것은 그들에게 생명을 주기 위해서였다. 예수님은 자신의 말을 듣고 **그대로 하면**(순종하면) 흔들림 없고 확실하며 참된 삶을 누리게 된다고 분명히 가르치셨다. (그러나 행하지 않고) 그저 듣기만 하면 땅이 흔들려 결국에는 큰 낭패를 본다(참고, 눅 6:46-49).

때문에 사도들은 예수님에 관해 가르쳤다. 예수님을 새로이 따르는 자들은 예수님 이야기에서 생명을 찾은 터라 그분에 관한 이야기를 힘써 들었다. 우리는 그들의 단순함과 집중에서 배울 점이 있을 것이다.

예수님을 따르던 젊은 시절 나는 구약 성경의 예언들과 요한계시록의 이미지들 그리고 그 예언과 이미지가, 냉전에 관한 기사가 일간지의 앞면을 장식하던 냉전 문제에 어떻게 성취되고 있는지(아니면 성취되고 있지 않은지)에 관심이 있었다. 이것은 호기심을 자극하고 신비를 더하며 흥을 돋우었다. 고르바초프는 적그리스도가 아니었을까? 최근의 러시아

부대 이동은 마침내 우리에게 종말이 닥쳤다는 암시가 아니었을까? 최근에 일어난 일련의 사건에서 종말의 징후를 감지한 나는 이를 주제로 고등학교 영어 논문을 쓰기도 했다. 1990년 봄의 일이었다.

이를 계기로 성경을 규칙적으로 읽게 되었지만 소득은 별로 없었다. 예전에 나는 우연히 성경과 연관된 암호 해독 게임에 푹 빠진 적이 있었는데 그것은 성경의 명확한 가르침을 듣는 일과 무관했다. 이 말은, 이사야서나 요한계시록을 읽거나 자신이 틀림없이 재림하겠다는 예수님의 말씀에 관한 연구를 해서는 안 된다는 뜻이 아니다. 다른 것은 제쳐두고 사도들의 가르침—예수님 이야기를 듣고, 그분의 생애와 가르침을 연구하며, 그분의 가르침에 그대로 순종하는 법을 배우는 것—에 몰두했더라면 젊은 실라와 수염이 덥수룩한 아브람에게서 무언가를 배울 수도 있었을 것이라는 뜻이다.

사도들의 가르침에 온 정성을 쏟으면 쏟을수록 삼천 명의 사람들 무엇을 발견했는지 그리고 예수님이 친히 무엇을 약속하셨는지를 더 많이 알 수 있었다. 그것은 예수님의 말씀을 듣고 그대로 행하면 지속적으로 열매를 맺으며 흔들리지 않는 삶을 살 수 있다는 사실이다.

사도들의 가르침은 예수님께 받은 메시지다

한나와 니가노르를 비롯한 나머지 사람들이 사도들이 먼저 **받아들였**

고 있는 그대로 **전했던** 메시지에 유독 몰두했음에 주목하자. 그들은 사도들이 짜낸 어떤 사상에 골두하지 않았다. 이는 중요한 구분이다. 사도들은 늘 조심스럽게 이 구분을 하면서 가르쳤다.

요한복음의 저자는 이를 분명히 했다. "생명의 말씀은 태초로부터 계신 것이요, 우리가 들은 것이요, 우리가 우리의 눈으로 본 것이요, 우리가 자세히 살펴본 것이요, 우리가 손으로 만져 본 것입니다. 우리는 이 영원한 생명을 여러분에게 증언하고 선포합니다. 이 영원한 생명은 본래 아버지와 함께 계시다가, 우리에게 나타나신 것입니다.…우리가 보고 들은 바를 여러분에게도 선포합니다"(요일 1:1-3).

베드로는 요한처럼 시적인 표현을 쓰지는 않았지만 자신이 전하는 메시지의 출처에 대해서는 분명한 입장을 취했다. "우리가 여러분에게 우리 주 예수 그리스도의 권능과 재림을 알려 드린 것은, 교묘하게 꾸민 신화를 따라서 한 것이 아닙니다. 우리는 그의 위엄을 눈으로 본 사람들입니다"(벧후 1:16).

이는 모든 사도가 분명히 밝히는 이야기다. 사도들은 이것을 예수님께 받았으므로 우리에게 그대로 전한다고 말했다. 실제로 교회는 대를 이어 그런 입장을 밝혀 왔다. 교회는 지금도 바울의 후렴을 그대로 되풀이한다. "내가 전해 받은 것을 여러분에게 전해 드렸습니다"(고전 15:3).

사도들의 메시지가 본질상 예수님께 받은 것이라는 사실은 중요하다. 왜냐하면 그것에 비추어 사도들의 가르침(예수님께 받은 것)과 거짓된 가르침(예수님께 받지 않은 것)을 구별할 수 있기 때문이다. 거짓된 가르침은 이유야 어쨌든 예수님의 메시지를 받지 않고 전하지 않는 사람들에게서 나온다.

여기서 초대교회가 거짓 교사들을 어떻게 묘사하는지 살펴보자. "그들은 세상에서 생겨났습니다. 그런 까닭에, 그들은 세상에 속한 말을 하고, 세상은 그들의 말을 듣습니다"(요일 4:5). "또 그들은 탐욕을 품고, 그럴듯한 말로 여러분의 호주머니를 털어 갈 것입니다"(벧후 2:3). "누가 철학이나 헛된 속임수로, 여러분을 노획물로 삼을까 조심하십시오. 그런 것은 사람들의 전통과 세상의 유치한 원리를 따른 것이요, 그리스도를 따른 것이 아닙니다"(골 2:8).

이에 반해 교회에서 가르치는 자들은 이런 격려를 받았다. "우리 안에 살아 계시는 성령을 힘입어, 그 맡은 바 선한 것을 지키십시오.···그대가 많은 증인 앞에서 나에게서 들은 것을 믿음직한 사람들에게 전하십시오. 그러면 그들이 다른 사람들을 또한 가르칠 수 있을 것입니다"(딤후 1:14; 2:2).

이제 확실히 구별되지 않는가? 참된 교사들은 예수님께 메시지를 받아서 그대로 성실하게 전하는 것이 특징이었다. 반면 거짓 교사들은 스스로 사상을 고안해 내거나 세상의 상식에 기초해 말하는 것이 특징이었다. 수염을 기른 강직한 아브람과 나머지 사람들은 꾸며 낸 사상이나 상식이 더 필요한 게 아니었다. 그들은 **예수님**에 관한 이야기를 듣고, 그분이 가르치시고, **그분**이 행하시고, **그분**이 분명히 달씀하신 바가 무엇인지 배우고 싶었다. 그들은 오로지 예수님께 받은 메시지에 몰두했다.

예수님을 따르던 젊은 시절 나는 그 메시지를 듣는 게 좋았다. 그런데 오리건 해안에서 열린 영 라이프 수련회에서 잠시 가르쳐 달라는 부탁을 처음 받았을 때 이상한 일이 일어났다. 무언가 머리를 짜내야겠다는 유혹에 빠진 것이다. 캠프에 참석한 고등학생들에게 기발하고 의미 있고 유익한 무언가를 말하고 싶었다. 나는 이런 생각으로 스트레스를 받았고, 의미 있는 것을 말하고자 모든 인간적인 능력을 동원했다.

이런 유혹은 실로 어처구니없는 것이었다. 예수님을 따르는 자로서 나는 모든 아이디어를 가지신 분을 따른다. 그분은 만왕의 왕이시지만 나는 그렇지 않다. 나는 기발한 것을 짜내라는 압력을 받지 않는다. 나는 예수님이 가르치시고 내게 전수된 것을 그대로 전하기만 하면 된다. 내 임무는 증언하는 것이다.

그러나 가르치는 햇수가 거듭되면서 무언가 새롭고 기발하고 기지 넘치는 것을 짜내야 한다는 이 미묘한 유혹과 매번 힘겨운 씨름을 했다. 예수님의 제자들은 **받은** 메시지가 있지만 세상은 무언가 새롭고 요란하고 신기한 것을 기대한다.

우리의 사례 연구가 매우 큰 도움이 되는 까닭이 여기에 있다. 사도들의 가르침이 본래 어떠하다는 것을 일깨워 주기 때문이다. 교회 교사들은 굳이 무언가 새로운 아이디어를 짜내거나 자신의 세계관을 사람들에게 소개하지 않아도 된다. 다만 자신이 확실히 받은 바를 되풀이해야 한다. 그러면 큰 자유를 느낄 수 있다. 우리에게는 오직 하나뿐인 왕, 예수님밖에 없다.

내가 이 책을 쓰면서 사도행전 2장을 가까이하는 이유가, 페이지를 넘길 때마다 사도행전 2장을 복음서 및 여러 서신들과 상호 참조하게 한 이유가 여기에 있다. 나는 무언가 새로운 것을 짜내 그것을 호기심이 강하고 확신에 차 있는 사람들에게 권할 생각이 없다. 나는 사도들의 가르침에 고스란히 녹아든 예수님의 가르침을 받아 그대로 전하는 데 관심이 있을 뿐이다.

예수님을 새로이 따랐던 삼천 명의 사람들이 대를 이어 전해 내려온 예수님의 이 메시지에 몰두했듯이 우리 또한 오늘날까지 전해 내려오는 동일한 메시지에 몰두할 수 있다.

사도들의 가르침은 성경이다

이천 년 이상 받아들여지고 전해 내려온 그 메시지가 실라와 나머지 사람들이 예루살렘에서 들었던 바로 그 메시지임을 우리는 어떻게 확신할 수 있는가? 교회가 지난 이천 년 동안 사람들의 귀에서 귀로 메시지를 전해 왔음을 고려할 때 그 메시지가 왜곡되지 않았음을 우리는 어떻게 확신할 수 있는가?

우리가 확신할 수 있는 것은 (예수님을 따랐던 1세대 증인들인) 사도들의 가르침이 글로 쓰였기 때문이다.

기억하는가? 예수님은 사도들이 예수님에 관해 증언할 때 성령의 인도를 받을 것이라고 분명히 약속하셨다(요 15:26-27). 그들은 성령이 인도하시는 대로 자신이 목격한 것을 빠짐없이 기록으로 남겼다. 그리하여 예수님의 제자들은 추후 이천 년 동안 활자화된 메시지를 갖게 되어 그것에 몰두할 수 있었다. 영원히 없어지지 않을 기록을 손에 넣은 각 세대 새로운 그리스도인들은 자신들의 가르침이 사도들의 메시지를 충실하게 반복하는 것이라고 확신했다.

그런데 사도들에게는 원래부터 영감어린 문서가 있었다. 히브리 성경이 그것이다. 예수님 자신도 히브리 성경의 출처가 하나님이라고 확신하셨다. 그분은 성경을 어려서부터 읽으셨고 틈나는 대로 인용하셨고 앞장서서 방어하셨다. 실제로 예수님은 히브리 성경을 거들떠보지 않는다는 비난을 받자 이렇게 대꾸하셨다. "내가 율법이나 예언자들의 말을 폐하러 온 줄로 생각하지 말아라. 폐하러 온 것이 아니라 완성하러 왔다. 내가 진정으로 너희에게 말한다. 천지가 없어지기 전에는 율법은 일점일획도 없어지지 않고 다 이루어질 것이다"(마 5:16-17).

히브리 성경은 하나님의 인도 아래 인간에 의해 기록되었다. 예수님은 이를 믿으셨다. 그리고 그분은 (분명히 주장하셨듯이) 성경 말씀을 **성취하기** 위해 하나님이 자신을 보내셨다고 믿으셨다. 그분은 자신의 삶과 가르침과 죽음과 부활과 교회 설립을 통해 그 예언들을 성취하셨다. 때문에 사도들이 예수님에 관해 (그리고 그분의 메시지와 삶과 죽음과 부활에 관해) 증언했을 때 그들의 증언은 글로 기록되면서 저 히브리 성경의 성취 내지는 결론이 되었다. 이 두 번째 책은 신약 성경으로 알려지게 되었다.

신약 성경과 그것을 탄생시킨 히브리 성경—구약 성경이라는 이름이 붙여진—은 오늘날 단순히 성경(the Bible)으로 알려진 것을 형성한다. 성경이란 문자적으로 '그 책'(the Book)이라는 뜻이다. 책 제목으로 그럴싸하지 않은가? 딱 들어맞는 제목이다. 성경은 흔하디흔한 고서(古書)가 아니라 하나님이 원저자이시고, 예수님이 성취하셨으며, 최초의 사도들이 입증한 진리이기 때문이다.

그러니까 우리가 성경에 몰두하는 것은 실라와 그의 친구들이 사도들의 가르침에 몰두한 것과 같다.

나는 성경과 인연이 깊다. 그 인연은 내가 그리스도인이 되기 훨씬 전으로 거슬러 올라간다. 나는 성경과 더불어 자랐는데, 감탄사가 나올 정도로 얇은 종이, 금박을 입힌 테두리, 새까만 표지는 내 눈길을 확 끌었을 뿐더러 호기심까지 자극했다. 어렸을 때는 늘 몰래 숨어서 성경을 읽

신약 성경과 그것이 기록되고 수집된 역사에 관해 더 상세히 알고 싶다면, 이 역사, 문헌 분야의 대가들이 쓴 책들을 읽어 볼 것을 강력히 권한다. 여기서 추천하고 싶은 책은 F. F. 브루스(Bruce)가 쓴 「신약 성경 문헌 연구」(*The New Testament Documents: Are They Reliable?*, 생명의말씀사 역간)이다.

었다. 누군가가 다락방에 숨겨진 마법책을 몰래 꺼내 읽듯 말이다.

그러나 어렸을 적에 가졌던 성경에 대한 경외심은 나이가 들면서 점점 시들해졌다. 이런저런 재미있는 책들을 접하면서 성경이 점점 더 시시해졌기 때문이었다. 그리고 성경을 대하는 나의 태도 또한 달라졌다. 내가 성경을 사용할 때라곤, 그러니까…여자의 환심을 살 때뿐이었다. 어떻게든 나는 여자 애들을 홀딱 반하게 만들고 싶었다. 그 이유는 잘 모르겠지만, 잠언 구절들을 이따금 써먹으면 내가 똑똑하고 재미있는 사람으로 보일 거라 생각했다. 그렇게 되면 내가 다니던 고등학교의 복도를 얌전하게 걸어 다니는, 예쁘지만 두려운 여학생들과 사귈 수 있는 기회가 많아질 것으로 기대했다. 하지만 내 작전은 통하지 않았다. 그래서 나는 성경 읽는 일을 완전히 접었다.

그 후 나는 그리스도인이 되었다. 어느 날 이 작은 책─한때 신비 그 자체였고 써먹을 일이 꽤 많았지만 나중에는 케케묵었다고 생각한─이야말로 많은 관심을 기울이고 나아가 **힘써** 읽어야 할 책이라는 글을 들었다. 처음에 나는 그 말이 믿기지 않았다. 이 책과 나는 인연이 깊지만, 성경을 읽으면 모두가 주장하듯 아주 놀라운 일이 일어날 거라고는 믿지 않았다.

그러다가 성경을 다시 펼쳤다. 상당 부분을 **다시** 읽었지만, 제대로 읽기는 솔직히 이번이 처음이었다. 성경을 읽다가 그분을 만났기 때문이다. 나의 예수님을, 내 모든 것을 버리고 따랐던 그분을. 그분이 친히 하신 말씀과 그분의 삶이 낱낱이 기록되어 있었다. 이 책을 읽는 일이 갑자기 정겹게 느껴졌다. 나의 왕이신 그분의 메시지, 이제 내 삶의 중심이 되신 그분의 이야기가 여기에 있다.

그 동안 줄곧 성경 읽기에 몰두하면서, 그 옛날 예수님의 발 아래 앉았던 제자들이 느꼈을 기분을 느끼게 된다. 그러면서 성경 말씀을 듣는 것이 얼마나 큰 축복인지를 깊고도 분명하게 깨닫는다.

예수님은 교회가 자신에 관해 증언할 때 성령의 인도를 받게 하겠다는 약속을 지키셨다. 하나님은 성경을 기록으로 남겨 두겠다고 작정하셨다. 그 결과 우리는 지금도 아브람과 한나처럼 사도들의 가르침에 몰두할 수 있다.

◎ 이제 내가 할 일은?

1. 성경 읽기에 몰두하라.

우리의 사례 연구에 따르면 이 새로운 그리스도인들은 날마다 모여 사도들의 가르침을 들었다. 이는 우리가 그 메시지를 되풀이해서 듣되 매우 규칙적으로 들어야 한다는 것을 보여 주는 좋은 선례가 된다.

이 말은 우리가 무아지경에 빠지거나 명석하게 분석하거나 식지 않는 열정으로 성경을 읽어야 한다는 뜻이 아니다. 단순히 성경을 읽되, 시간을 정해서 규칙적으로 읽어야 한다는 것을 의미한다. 물론, 순종하는 마음으로 성경을 읽는 것은 예수님의 말씀처럼 열매를 맺는 자세다.

그래서 우리는 규칙적으로 읽는다. 우리는 예수님의 말씀을 듣기 위해, 그분의 영이 우리 영혼에 그분에 관해 증언하게 하기 위해, 예수님의 진리와 우리 주변 세계의 상식이 어떻게 다른지 알기 위해 읽는다. 우리가 성경을 읽는 것은 먼지 묻은 예수님 발 아래 앉아 그분이 우리에게 말씀하시는 바를 직접 듣는 것과 같다.

성경의 어느 부분을 읽더라도 당신이 곁길로 빠지게 되는 일은 절대 없다. 하지만 그 동안 성경을 꾸준히 읽으면서 터득한 지혜가 있다. 구약 성경과 신약 성경 모두를 적당한 분량을 택하는 일이다. 성경 읽기는 음식을 먹는 것과 같다. 당신은 적당량을 씹어 삼켜서 택해 읽으라. 너무 많이 삼켜 목이 메거나 너무 적게 삼켜 허기가 지지 않길 원할 것이다. 그리고 일정한 시간을 정해 여럿이 함께 읽으라. 여럿이 읽으면 혼자 읽을 때보다 더 많은 결실을 맺고 실수할 일은 줄어들며 즐거움이 커지는 것 같다.

그리고 명심할 것이 있다. 읽을 때는 언제나 **문맥**을 그려하라. 닥치는 대로 읽는 경우가 있는데, 왜 그렇게 하는지 모르겠다(어떤 본문을 택하든 그건 어리석은 읽기 전략이다). 그런 습관이 몸에 배지 않도록 하라. 성경을 읽을 때 늘 두 가지 질문을 던지라. 첫 번째는 '이 구절은 당시 무슨 뜻이었나'이고, 두 번째는 '이 구절은 내게 무슨 뜻인가?'다.

성경 읽기와 관련해 우리가 할 수 있는 말은 그 밖에도 많다. 하지만 성경 읽기는 시간이 갈수록 발전하고 진화하며 성숙해질 것이라고 이야기하는 것으로 충분하다. 성경 읽기에 몰두할 때 그러한 발전적인 시각을 가슴에 품으라. 예루살렘의 저 삼천 명처럼.

2. 가까운 교회에 출석해 사도들의 가르침을 힘써 받으라.

나는 그리스도인이 된 후 마침내 성경을 재미있게 읽게 되었다. 그런데도 교회에 가야겠다는 생각은 전혀 들지 않았다. 지금도 그 이유는 정확히 알 수 없다(뭔가 짚이는 것은 있다). 하지만 내가 알기로, 몇 달이 지나 누군가 내게 왜 교회에 가질 않느냐고 물었다. 나는 그럴듯한 이유(어려서부터 가졌던 까닭 모를 거부감이 아닌)가 생각나지 않아 교회에 다시 발을 들였다.

교회에 다니면서 가장 좋았던 점은 목사님의 가르침을 받고 예수님 이야기를 들을 수 있다는 게 얼마나 큰 축복인지 깨달은 것이다. 한나와 나머지 사람들도 필시 그렇게 느꼈으리라. 예수님의 메시지를 직접 받아 그분을 따르는 다음 세대에게 그것을 전하는 누군가의 가르침을 받

그저 그런 성경 읽기가 아닌, 좀더 차원 높은 성경 읽기를 추구하는가? 여기, 당신의 답답함을 속시원히 풀어 줄 필독서 두 권이 있다. 하나는 고든 피(Gordon Fee)와 더글러스 스튜어트(Douglas Stuart)가 함께 쓴 「성경을 어떻게 읽을 것인가」(*How to Read the Bible for All Its Worth*, 성서유니온 역간)이고, 다른 하나는 밥 그라만(Bob Grahmann)이 쓴 「성경 읽기의 혁신」(*Transforming Bible Study*, InterVarsity Press)이다. 나는 이두 책을 통해 성경을 더욱 깊이 있게, 지적으로, 효과적으로 읽을 수 있게 되었다. 강력하게 추천한다.

는 것이 얼마나 큰 기쁨인지를. 이 메시지가 내 삶을 바꾸어 놓았다. 누군가 그 메시지에 관해 이야기하고 설명하고 찬미하는 것을 듣는 일이 매우 좋았다. 그런 까닭에 그 메시지에 몰두하는 것은 하나도 이상하지 않다.

그렇게 되기까지 실제적 헌신이 필요했다. 왜냐하면 그것은 반드시 쉽사리 이루어진다고도 할 수 없고 손 하나 까딱하지 않아도 되는 일이 아니기 때문이다. 주일 아침에 내가 할 수 있는 일은 꽤 많다. 늦잠 자기 TV로 축구 경기 보기, 새로운 한 주가 밀려오기 전에 집안 말끔히 정리하기 등등.

하지만 일단 예수님 이야기를 듣는 일의 열매를 맛보자, 헌신이 단순한 훈련이 아닌 사랑으로 포장된 훈련임을 깨달았다. 사도들의 가르침을 되풀이해 들으면서 생명을 발견하기 때문이다. 예수님은 매주 새로운 방식으로 내 삶에 말을 걸어오셨다.

그런데 교회 출석과 관련해 두세 가지 주의 사항이 있다. 첫째, 예수님을 따르는 사람들은 틈만 나면 함께 모이려는 경향이 있다. 이것은 그 자체로 나쁘다고는 할 수 없다. 하지만 끼리끼리 모이는 사교 모임으로 느껴지기 시작하면 함께 모이는 **이유**(예수님)를 깨닫지 못하는 유혹에 빠지게 된다. 그뿐만 아니다. 언제나 그리스도인들**끼리만** 모이면 불필요하게 친구나 가족과 멀어질 수 있다. 이런 비극이 일어나지 않기를 바랄 것이다. 하지만 그런 유혹에 빠질 가능성이 있다는 것을 아는 것이 중요하다.

교회에 헌신하는 것과 관련해 두 번째 주의 사항은 모든 교회가 사도들의 가르침을 그대로 전하는 것은 아니라는 사실이다. 몇몇 교회들은 이런저런 이유로 (성경에 보존되어 있으며 수세기 동안 전해 내려온) 예수님에 관한 사도들의 가르침을 멀리하고 엉뚱한 메시지를 전한다. 교회 뾰족탑에 걸려 있는 십자가에 현혹되지 말라. 모든 교회가 신약 성경에 묘사된 그대로 예수님을 전하는 것은 아니다. 교회에 출석할 때는 그 점을 유의하라.

마지막으로, 교회에 갈 때는 지나치게 민감하고 냉소적인 태도를 보이지 않았으면 한다. 뾰족탑 끝에 십자가가 걸려 있는 대다수 교회들은 한나와 니가노르와 디몬이 듣고 전한 바로 그 메시지를 받았는데, 그들 역시 베드로와 요한과 바울이 듣고 전한 메시지를 받았다. 그러니까 별 문제 없을 것이다.

만일 당신이 출석하는 교회가 주일마다 예수님의 이름을 언급하지 않는다면 몇 가지 질문을 던지고 싶을 것이다. 그리고 당신이 다니는 교회가 성경 가르치는 일을 소홀히 한다면 의문이 생길 것이다.

하지만 십중팔구 (당신 자신처럼) 결점이 있고 발은 흙투성이인 예수님의 제자들로 가득한 놀라운 교회를 발견하게 될 것이다. 그 곳에서 당신은 매주 적립금을 두둑이 받고, 예수님 이야기를 듣는 행운을 누리며, 그분과 더불어 새로운 삶을 시작하라는 권면을 받게 된다. 당신이 이 일에 헌신한다면 절대 후회는 없을 것이다.

6장 교제
식탁의 영성

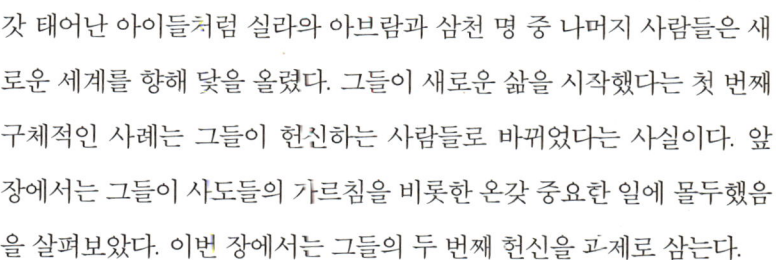

갓 태어난 아이들처럼 실라와 아브람과 삼천 명 중 나머지 사람들은 새로운 세계를 향해 닻을 올렸다. 그들이 새로운 삶을 시작했다는 첫 번째 구체적인 사례는 그들이 헌신하는 사람들로 바뀌었다는 사실이다. 앞 장에서는 그들이 사도들의 가르침을 비롯한 온갖 중요한 일에 몰두했음을 살펴보았다. 이번 장에서는 그들의 두 번째 헌신을 교제로 삼는다.

그들은 사도들의 가르침에 몰두하며, 서로 사귀는 일과 함께 음식을 먹는 일과 기도에 힘썼다. 사도들을 통하여 기이한 일과 표적이 많이 일어났다. 그리하여 모든 사람에게 두려운 마음이 생겼다. 믿는 사람은 모두 함께 지내면서, 모든 것을 공동으로 소유하고, 재산과 소유물을 팔아서, 모든 사람에게 필요한 대로 나누어 가졌다. 그리고 날마다 한 마음으로 성전에 열심히 모이고, 집마다 빵을 떼면서, 순수한 마음으로 기쁘게 음식을 먹고, 하나님을 찬양하였다. 그래서 그들은 모든 사람에게서 호감을 샀다. 주께서는 구원받는 사람을 날마다 더하여 주셨다(행 2:42-47).

그들은 서로 사귀는 일에 힘썼다. 교제를 뜻하는 그리스 원어는 '코이노니아'(koinonia)이다. 이 단어의 뿌리는 '코이노스'(koinos)로 문자적 의미는 '공동의'이다. 그러니까 이 코이노니아의 상태는 '협력'(partnership), '교제'(fellowship), 나아가 '영적 교감'(communion) 등으로 번역할 수 있고 실제로 그렇게 번역되어 왔다. 그것은 무언가를 공유한다는 개념이다. 바꾸어 말해, 아브람과 아자리야와 디몬은 서로 함께 나누는 일에 힘썼다.

우리의 사례 연구 대상인 사도행전 2:42-47은 이러한 교제가 어떤 모습이었는지를 다양하면서도 구체적으로 보여 준다. 그들은 날마다 성전에 모였고, 집집마다 돌아가면서 빵을 뗐고, 함께 모여 순전한 마음으로 기쁘게 음식을 먹었다. 나아가 그들의 교제에서 더욱 흥미로운 부분을 엿볼 수 있다. 이를테면 그들은 재산과 소유물을 나누었다! 잠시 멈추어 그들의 식탁 교제가 얼마나 친밀했는지를 알게 된다면 흥분을 감출 수 없다.

당시 유대 문화에서 누군가와 식탁을 함께한다는 것은 헌신과 친밀함의 표지였다. 그리고 새로이 예수님을 믿는 이들은 정기적으로 집집마다 돌아가면서 식사를 했다. 오늘날에도 누군가의 집에서 그의 가족과 더불어 식탁에 함께 앉는다는 것은 더없는 친밀감의 표시임을 어렵지 않게 짐작할 수 있다. 누군가를 (커피숍과 같은) 제3의 안전한 장소에서 만나는 것과, 집으로 초대해 당신의 진면목, 당신의 가족, 벽에 걸린 그림, 바닥에 널려 있는 빨래 등을 보여 주는 것은 별개의 문제다.

니가노르와 실라와 새르이 예수님을 따르는 자들은 이 친밀하면서도 실제적인 교제를 나누는 데 힘썼다. 그들은 서로 사귀는 일에 지대한 관심을 쏟았다. 그들의 경험을 통해 우리는 새로이 그리스도를 믿게 된 사람들의 삶 속에서 교제가 차지하는 비중이 얼마나 큰지 알 수 있다.

교제가 중심이다

니가노르와 다른 사람들이 보여 준 공동체 삶은 이례적인 것이 아니었다. 그들은 예수님의 제자가 되었다. 이는 그들이 사람들과 더불어 산다는 뜻이었다.

예수님 자신도 그렇게 사셨다. 그분은 제자들에게 자신을 따르라고 하셨다. 이는 그들이 함께 식사하고 여행하고 생활하고 일한다는 것을 의미했다. 예수님은 자신의 제자들에게 다른 이들과 더불어 이렇게 살라고 명하셨다. "내 계명은 이것이다. 내가 너희를 사랑한 것같이 너희도 서로 사랑하여라"(요 15:12). 예수님 말씀에 따르면 언제나 관계가 중요하다. 어느 누구도 섬이 될 수 없다.

한번은 예수님이 히브리 성경 가운데 어느 계명이 가장 크냐는 질문을 받으셨다. 그분의 대답은 무엇이었는가? "'네 마음을 다하고, 네 목숨을 다하고, 네 뜻을 다하여, 주 너의 하나님을 사랑하라' 하였으니, 이것이 가장 중요하고 으뜸가는 계명이다. 둘째 계명도 이것과 같은데, '네 이웃을 네 몸과 같이 사랑하여라' 한 것이다. 이 두 계명에 온 율법과 예언서의 뜻이 달려 있다"(마 22:37-40).

예수님은 **삶의 모든 것**이 하나님과 사랑하는 관계를 맺고(가장 중요하고 으뜸간다) 우리 옆에 있는 얼간이들과도 사랑하는 관계를 맺느냐에 달려 있다고 가르치셨다. 우리가 이 땅에 존재하는 목적이 여기에 있다고 예수님은 역설하신다. 그것은 아주 경직된 학자들에게도 예외가 아니다(눅 10:25-37에 나오는 율법 교사와의 대화를 참조하라). 그분은 인간이 우주에서 (단연코) 가장 중요한 존재이며, 이 사실이 이 땅에서 우리의 삶에 변화를 일으켜야 한다고 가르치신다(막 8:36).

사랑의 관계 맺기는 예수님의 가르침에서, 그분의 삶에서 피해 갈 수 없는 주제다. 예수님은 온 천하보다도 인간을 더 소중히 여기셨다. 그러니까 수염이 덥수룩한 거친 사나이 아브람이 이전의 삶을 뉘우치고 세례를 받아 하나님 나라에 들어가면서 서로 사귀는 일에 힘쓴 것은 전혀 놀랄 일이 아니다. 그런 변화가 지금 일어나는 것을 본다 하더라도 놀랄 이유가 없다.

내 소중한 멘토인 토머스는 젊은 시절 자칭 엘리트였다. 그는 사교계를 두루 다니면서 '상류층'이 아닌 사람들에게는 눈을 아래로 깔았다. 예수님을 만나기 전의 일이었다. 그러다가 예수님을 만났다. 토머스는 처음으로 예수님과 그분의 가르침이 정겹게 느껴졌다. 그는 하나님 나라에서 사람들이 무한히 귀한 존재라는 주장이 얼마나 심오하면서도 중요한지 깨달았다. 그는 이러한 깨달음이 자신에게서 비롯된 것이 아님을 알았다. 그리고 하나님 나라에 들어간다는 것은 자신의 옛 습관을 버리고 서로 사귀는 길에 새롭게 헌신하는 것임을 어렴풋이나마 깨달았다.

그는 회개하고 세례를 받은 후 자신의 깨달음을 실천에 옮겼다. 그는 서로 사귀는 일에, 매일 만나는 사람들에게 깊이 헌신했고, 예수님을 따르는 자로서 깊은 사귐 가운데서 희생하면서 아름답고도, 기쁘게 살았다. 그의 집은 사실상 회전식 문이 달린 것과 같아서 수십 년 간 수많은 친구, 여행객, 학생, (특히) 노숙자들이 따뜻한 환대를 받는 거처로 바뀌었다. 그의 부엌 식탁에는 수천 명의 팔꿈치 흔적이 배어 있었다.

일단 우리가 하나님 나라에 들어가면 서로 사귀는 일이 중심이 된다. 사람들과 동떨어진 삶은 작은 거품 같은 삶이다.

우리의 사례 연구는 디몬을 비롯한 뭇 사람들이 '모든 사람에게서 호감을 샀음'을 보여 준다. 이는 그들이 외딴 곳으로 몸을 숨겨 홀로 신앙생활을 한 것이 아니라 예루살렘에서 모든 종류의 사람들과 부대끼면서 살았다는 뜻이다. 그들의 신앙은 거품 신앙이 아니었다. 거리 신앙, 곧 그들이 여기저기 다니면서 실천했던 신앙이었다.

교제는 축복이다

서로 사귐은 예수님을 따르는 사람들의 삶에서 **중심을** 차지하는 것으로 끝나지 않는다. 그것은 아주 큰 선물이기도 하다.
교제는 아름다운 무언가가 있다. (가장 짧은 시편 중 하나)인 시편 133편은 이 아름다움을 증언한다.

> 그 얼마나 아름답고 즐거운가!
>   형제 자매가 어울려서 함께 사는 일!
> 머리 위의 보배로운 기름이
>   수염 곧 아론의 수염을 타고 흘러서
>   그 옷깃까지 흘러내림 같고,
> 헐몬의 이슬이
>   시온 산에 내림과 같구나.
> 주께서 여기에 복을 약속하셨으니,
>   그 복은 곧 영생이다(시 133편).

자, 시편 기자가 드러내는 몇몇 이미지와 은유는 우리의 기억에서 멀어질지도 모른다. (기름이 긴 수염을 타고 흐르는 것은 아름다운 일인가?) 그러나 이 시편에 함축된 의미는 분명하다. 사람들이 어울려서 함께 사는 것은 매우 위대한 것이다. 그것은 아름답다.

숫자는 힘이 있다. "혼자 싸우면 지지만, 둘이 힘을 합하면 적에게 맞설 수 있다. 세겹줄은 쉽게 끊어지지 않는다"(전 4:12). 그리고 서로 사귈 때 약한 자들은 틀림없이 도살핌을 받는다("그들은 재산과 소유물을 팔아서 모든 사람에게 필요한 대로 나누어 주었다", 행 2:45). 하지만 이보다 훨씬 더 중요한 것이 있다. (다른 이들 가운데 그리고 그들을 위해) 공동체적인 삶을 살라는 이 부르심은 모두에게 복이 되는데 특히나 타인을 위해 희생하는 사람들에게는 더더욱 그렇다는 사실이다.

예수님은 제자들의 냄새나는 발을 씻겨 주신 후 서로 남의 발을 씻겨 준다면 복을 받게 될 것이라고 이르셨다. "너희가 이것을 알고 그대로 하면 복이 있다"(요 13:17).

그분은 우리가 사람들을 사랑하면 **복을 받게**(blessed) 될 것이라고 말씀하신다. '복을 받는다'는 단어는 그리스 원어로는 '크고 관대한'(large)이나 '오랜'(lengthy)을 뜻한다. 복을 받는다는 것은 자신이 행복하거나 관대하다는 것을 안다는 뜻이다. 예수님은 우리가 함께 어울려 살면서 우리 이웃을 사랑한다면 이 같은 영적 관대함이 우리에게 흘러들 것이라고 말씀하신다. 그들의 마음이 그처럼 기쁘고 순전했다는 것은 놀랄 일이 아니다.

해를 거듭하면서 나는 서로 사귐이 주는 축복에 감탄한다. 나라는 인간은, 사람들과 더불어 사는 것도 괜찮을 것이라고 생각해 본 적이 단 한 번도 없었다. 나는 이른바 내성적인 사람이다. 이 말은 나는 혼자 놀면서 자랐기에 그게 꽤 만족스럽다는 뜻이다. 이제껏 매우 자주 숲 속의 통나무집에서 혼자 살면 좋겠다는 꿈을 꾸어 왔다. 아, 숲 속 통나무집! 농구 골대와 애완견과 무수히 많은 책들과 주위의 광활한 대지와 더불어 혼자 살 수만 있다면…. 그러면 진짜 천국에 있는 것 같으리라.

하지만 예수님을 따르게 되면서 이러한 환상이 사라지기 시작했다. 내가 사는 세상은 사람들이 귀한 대접을 받고, 하나님이 사람들에게 (때 묻은 일상의 삶에서 자신의 발을 더럽히면서) 희생적인 사랑을 베풀고, 그분이 우리더러 똑같이 하라고 점잖게 이르시는 곳임을 알았다.

난 처음에 그분의 식물을 먹는 착실한 아이처럼 고분고분했다. 하지만 시간이 가면서 뭐랄까, **관대해지는** 느낌이 들기 시작했다. 복을 받았다는 느낌도 들었다. 예수님이 더욱 가깝게 느껴졌다. 살아 있다는 느낌이 더욱 강해졌다. 인간을 향한 거짓 없는 사랑이 내 안에서 새록새록 싹텄다. 관계에 대한 소명 의식을 강하게 느낀 지도 십 년이요, 식탁에서 손대접하기를 즐겼던 외향적인 아내와 결혼 생활을 함께한 지도 벌써 십 년이나 되었다. 이 시점에서 나는 예수님이 정말 옳았다는 생각이 든다. 나는 사람들과 더불어 마음을 탁 터놓고 즐겁게 식사하는 것의 의미를 배우게 되었다.

이렇게도 살 수 있다는 게 신기하기만 했다. 내 어찌 상상이나 할 수 있었으랴. 우둔한 나를 더욱 현명하게 하시고, 이 아름다운 세상에서 사람들과 부대끼면서 살라고 부르신 예수님의 은혜가 크다.

그리고 예수님을 따르다 보면 성가시긴 해도 정말 멋진 사귐을 가질 수 있어서 좋다. 사람들을 사귀는 것이 내가 지향해야 할 목표라는 생각이 든다. 그것은 천국이다. 그 곳은 성경의 묘사대로, 땅에는 멋지게 울타리가 쳐져 있고 누구나 여유로운, 기복이 진 시골 같은 곳이 아니다. 요한계시록은 우리 귀에 울려 퍼지는, 어쩌면 깜짝 놀랄 만한 한 단어로 천국을 묘사한다. 그것은 **도시**라는 단어다(예를 들어, 계 21:2).

천국은 도시다. 그것은 우리가 인간으로 지음받은 목적 즉, 하나님이 축복하시는 사귐의 절정, 곧 축복받은 교제다.

교제에는 희생이 따른다

교제는 예수님과 함께하는 삶의 중심이다. 서로 사귈 때 지극하고 영원하며 때로 신비로운 축복이 샘솟는다. 하지만 교제에는 말할 수 없이 엄청난 희생이 따른다는 사실을 잊어선 안 된다.

줄곧 사례 연구를 진행하면서 몇몇 경우에서 자세히 살펴보았듯이 공동체의 삶은 시간과 돈과 감정 조절을 요구한다. 아브람, 디몬 및 니가노르는 자신의 귀한 시간과 돈과 마음을 아낌없이 쏟았다. 반드시 손실이 큰 것을 내놓아야 하는 것은 아니다. 그런데 종종 우리는 그처럼 귀한 자원을 남을 위해 쓰기보다는 보호하거나 지키려 애쓴다. 그게 우리의 본능이다.

예수님은 우리가 서로 남의 발을 씻기면 복되다고 말씀하신다. 하지만 발을 씻기는 것은 자신을 낮추고 너저분하며 선뜻 어색한 일임을 무시할 수 없다. 예수님은 우리가 다른 이들을 섬길 때 위대해진다고 말씀하신다(마 20:26). 하지만 남을 섬기려면 극도의 자기 부인을 실천해야 한다. 돌보는 이 없는 사회 주변부의 잊혀진 사람들에게 관심을 보일 때 우리는 그들과 더불어 풍성한 삶을 누린다(마 25:35-40). 예수님은 이 신비를 높이 평가하신다. 하지만 의지할 곳 없는 사람들을 돌보려면 자신의 뜻을 종종 접어야 한다. 이는 우리의 계획을 잠시 보류한다는 뜻이다.

이 진리를 오해하지 않도록 하자. 서로 사귀는 일에 헌신하려면 상당한 대가를 치러야 한다는 진리를.

몇 년 전 나는 내가 사는 아파트 옆의 기숙사 사람들을 사랑하려고 노력한 적이 있었다. 이웃 간의 교류가 별로 없던 터라 서로 트고 지내 이웃 공동체를 만들려고 했다. 댄이라는 대학 신입생은 기숙사에서 서로 교제하는 데 전념하자는 제안에 자못 흥분한 모양이었다. 댄과 나는 정기적으로 만남을 가지기 시작했다. 우리가 단골로 만나는 장소는 저 삼천 명의 사람들과는 달리 교회가 아닌 패밀리 레스토랑이었다. 5년 동안 꾸준히 교제하는 가운데 늘라운 일이 일어났다. 함께 기도하고, 함께 하이킹하고, 함께 먹고, 함께 도시 빈민촌에서 선교하고, 함께 거주하고, 함께 목욕탕을 청소하고, 함께…하게 된 것이다.

내 첫 아들이 깨어나자 댄은 병원에 축하하러 왔다. 댄과 나는 좋은 시절, 힘든 시절을 함께 지나오면서 울기도 했다. 댄은 내 딸이 태어났을 때도 왔다. 아내와 나는 결혼을 앞둔 댄과 그의 여자 친구에게 조언을 해 주었다. 삶의 폭풍우가 몰아칠 때면 댄과 나는 서로 부둥켜 안고 울었다. 댄과 나, 우리 두 사람은 서로 사귀는 일에 정말 열심이었다. 그러한 교제는 아름다웠다. 내 생애 최고의 경험 중 하나라고 할 수 있을 만큼.

하지만 그러기까지 희생 또한 따랐다. 댄에게 물어 보라. 장담하건대, 그의 답변 역시 나와 다르지 않으리라. 우리는 함께하는 시간을 갖기 위해 많은 것을 포기했다. 서로의 아픔과 몸부림에 정서적으로 개입되었다. 우리는 의견 차이로 티격태격했다. 서로를 실망시켰다. 서로에게 용서를 구해야 했다. 그리고 화해했다. 서로 사귀는 일은 복잡하면서도 멋졌고 우리는 저마다 값비싼 대가를 치렀다.

하지만 교제란 원래 그런 것으로 무언가 희생이 따른다. 아브람과 미리암이 서로 사귀는 일에 **몰두한** 이유가 그 때문이 아니었을까. 그냥 한번 해 본 게 아니라는 생각이 든다. 교제와 같은, 무언가 실제적이고 심오하고 아름답고 희생이 따르고 복된 것은 하룻밤 새 뚝딱 이루어지지 않는다. 그것은 헌신을 통해 생긴다. 그리고 헌신할 만한 가치는 늘 있다.

이제 내가 할 일은?

1. 성전에서의 교제에 몰두하라.

세월이 흐르면서 **교회**라는 단어에 언외의 뜻이 많이 붙었지만 교회는 복수로 예수님을 따르는 자들이라는 것이 핵심이다. 교회는 실라가 예루살렘에서 체험한 그 무엇이다. 그리고 새로운 그리스도인들 또한 하나같이 헌신해야 할 그 무엇이다.

이는 우리가 교회를 찾아 그 교회의 일원이 되어야 한다는 뜻임을 단번에 알 수 있다. 사도들의 가르침이 그대로 전해지고 다른 신도들과 더불어 기도할 수 있는 교회 주일 예배에 참석하라. 가능하다면 성경 공부 모임이나 소그룹 모임에도 참석하라. 다른 그리스도인들과 교제를 시작하라.

당신은 믿는 사람들과 다양한 방식으로 교제하는 데 전념할 수 있다. 어떤 방식이든 거기에는 다른 그리스도인들과 함께하는 일이 포함된다. 거기에는 로켓 과학이란 게 없다. 복용할 코이노니아 알약도 없다. 교회가 당신을 교제로 끌어들이기 위해 동원할 수 있는 마술이나 속전속결 방식은 없다. 결국 교제는 관계가 핵심이다. 시간이 걸린다. 투자가 필요하다. 이 사실을 기억하자.

믿음의 공동체에서 서로 사귀는 일에 헌신하는 것과 관련해 당부할 말이 있다. 완벽한 교회를 기대하지 말라. 죽었다 깨어나도 그런 교회를 찾지 못할 것이다.

어떤 의미에서 자신의 취향에 맞는 교회를 찾고 싶어하는 것은 당연하다. 그건 부인할 수 없는 사실이다. 하지단 조심할 것이 있다. 교회에서 노골적으로 무언가 얻어 내려고만 하는 소비자적 자세에 빠지지 않도록 하라. 교회는 화려한 상품으로 당신의 눈을 현혹하고, 당신의 현금과 상품을 맞바꾸는 아울렛 쇼핑몰이 아니다. 교회는 믿는 자들의 몸이다. 어떤 몸을 찾거든 그 곳에 속하라. 그리고 거기서 헌신하라.

바울은 이 몸 언어(body language)를 다음 단계로 승화한다. "몸은 하나인데 많은 지체가 있고, 몸의 지체는 많지만 한 몸임과 같이, 그리스도도 그러합니다. 우리는…모두 한 성령으로 세례를 받아서 한 몸이 되었습니다.…몸은 한 지체가 아니라, 여러 지체로 되어 있습니다"(고전 12:12-14).

우리는 상품 구매자가 아니다. 바울은 말한다. "우리는 몸 된 교회의 여러 지체들입니다. 우리는 저마다 지체(귀요, 눈이요, 코요, 발이다)이며, 교회는 그러한 지체들이 모여 하나님의 든든한 몸을 형성합니다"(고전 12:15-31). 그러니까 아무 교회든 골라 그 곳에 속하라. 귀가 몸에서 떨어져 나와 홀로 떠돌아 다닌다? 말도 안 되는 이야기다. 당신이 이 교회 저 교회를 기웃거리느라 어느 한 교회를 정해 소속감을 갖지 못하는 일은 없게 하라.

아내와 나는 콜로라도 주 불더로 이사하면서 먼저 초대받은 교회에 등록하기로 마음먹었다. 우리는 어느 교회에 초대받았다. 처음에는 예배와 가르침과 성도들과의 교제를 비롯한 모든 게 마음에 쏙 들었다. 하지만 세월이 흐르면서 (직업상 더따금 여러 교회를 다니고, 나의 소비자적 자세가 슬슬 끼어든 탓인지) 교회에 대해 좌절할 뿐 아니라 오랫동안 환멸을 느끼기도 했다. 우여곡절이 있었지만 새로워지는 훈련을 통해 안정을 찾아 교회에 남아 있게 된 것을 기쁘게 생각한다.

그 교회에 남아 있게 된 것이 정말 잘 되었다는 생각이 든다. 설사 남의 떡이 더 커 보여 교회를 옮긴다 해도, 새로운 교회로 가면 결국에는 또 다른 교회를 찾아 기웃거리게 마련이기 때문이다. 또한 만일 우리가 이 교회 저 교회를 찾아 계속 방황했더라면, 예전 교회에서처럼 풍성한 복과 헌신적인 관계를 누릴 수 없었을 것이기 때문이다. 우리는 이 믿음의 식구들과 함께 부대끼면서 진리와 사랑과 화해와 찬미와 권태와 놀람과 갈망과 비극을 두루 체험했다. 그리고 우리는 더불어 그 모든 것을 경험해 왔다. 무릇 교제란 그런 게 아닌가(인생도 마찬가지다).

지금 와서 하는 이야기지만, 떠나지 않기를 잘했다는 생각이 든다. 서로 사귀는 일에 몰두하는 목적은 교제에 몰두하는 그 자체인 것 같기 때문이다. 그것이 바로 실라가 회심한 후 시작했던 삶이다. 우리 또한 실라처럼 살 수 있다.

2. 식탁에서의 교제에 몰두하라.

실라와 한나와 니가노르가 한 마음으로 성전에 열심히 모였음은 매우 분명한(그리고 놀라운) 사실이다. 그렇다고 한 장소에만 죽치고 모이는 것이 목적 그 자체이며 교제의 전부인 양 생각하면 안 된다.

시간이 갈수록 더욱 유익해지는 우리의 사례 연구가 명백히 보여 주는 것이 있다. 예수님을 따르는 이 무리가 또한 집집다다 돌아가며 모였다는 사실이다. 그들은 음식을 함께 먹었다. 식탁에서 서로 사귀었다.

모두가 한 방에 모였을 때만 해낼 수 있는 일들이 몇 가지 있다. 함께 예배 드리고, 함께 기도하고, 똑같은 설교를 듣고, 한 몸이 되어 여러 의식을 치르는 일이다. 반면 누군가의 식탁에 자리를 함께했을 때만 성취할 수 있는 일들이 있다. 사람이 몇 안 되면 더욱 친밀한 분위기에서 느긋하게 깊은 대화를 나누고 마음이 통하는 관계를 맺을 수도 있다. 누군가에게 힘을 북돋워 줄 수 있고 당신을 잘 아는 사람에게서 조언을 들을 수도 있다. 당신의 삶을 구석구석까지 아는 사람과 친분을 쌓으며, 누군가에게 중요한 것을 파악할 수도 있다.

이 친밀한 식탁 교제는 참된 교제의 본질적 부분이다. 그러니까 우리는 식탁 교제에 힘을 쏟아야 한다.

그런데 이 식탁 교제는 다양한 모습을 띤다. 동료들의 책임 그룹에서 시작해, 다른 가정과 함께하는 가족 그룹, 한 주에 한 번 모이는 멘토링 그룹, 정기적으로 만나는 가까운 친구들끼리의 모임, 매즈일 예배 후 점심을 같이 하는 사람들, 다른 가정이나 교회 내지는 이웃에서 온 사람들과 주중에 저녁을 함께하는 모임, 조직화된 사역 팀, 집집마다 돌아가며 갖는 저녁 식사 모임, 소그룹, 지원 그룹 등에 이르기까지 다양하다. 당신은 이 단락을 읽으면서 그 밖의 많은 다양한 그룹을 머릿속에 떠올렸을 것이다!

우리의 사례 연구에서 확인한 바, 형식은 현실로 드러나는 원리만큼 중요하지는 않다. 식탁 교제는 성전 교제와 다르며 우리에게는 둘 다 필요하다.

솔직히 우리 중에는 성전 교제에 더 마음이 끌리는 사람들이 있다. 우리는 큰 그룹에 가입해 거기서 전하는 가르침을 받는 게 좋다. 어쩌면 사람들이 북적거리는 곳에 있음으로 해서 누릴 수 있는 상대적 익명성에 마음이 끌리는지도 모른다. 우리에게 식탁 교제는 약간 두려운 대상이다. 식탁 교제는 조금은 지나치게 친밀하다. 조금은 지나치게 비효율적이다. 조금은 지나치게 노골적이다. 그래서 우리는 진정한 식탁 교제를 피할 수 있는 방법이 뭐 없을까 머리를 짜낸다. 그래서 속사정을 이야기하기보다는 그럴싸한 답변을 늘어놓는다. 예를 들면, 다른 어른들과 대화하는 게 싫어 서둘러 어린이집으로 아이를 데리러 간다. 이웃에게 안부를 묻기보다는—설령 묻는다 하더라도 진심을 담지 않고 삶의 시시콜

식탁 교제를 통해 삶의 성숙을 이루고자 한다면, 카렌 메인스(Karen Mains)의 「행복으로 초대하는 오픈홈」(*Open Heart, Open Home*, 한국 IVP 역간)과 리처드 램(Richard Lamb)이 쓴 「친구들 가운데서 하나님 찾기」(*The Pursuit of God in the Company of Friends*, InterVarsity Press)의 일독을 권한다. 이 책은 내가 서로 사귀는 일에 몰두하는 동안 아주 큰 도움이 되었고, 이 책을 참고할 때마다 계속 유익했다.

콜한 일들에 대해 이야기한다.

우리는 기억해야 한다. 예수님 나라에서는 이렇게 숨기 위해 기교를 부릴 필요가 없다. 세속적으로 잔머리 굴리는 수법을 그분의 나라에 가져갈 필요가 없다. 그분의 나라에서는 정직과 고백과 진실 말하기가 중시되며, 실생활에 몸담은 사람들—설령 그들이 너절하고, 비효율적이고, 서툴다 하더라도—이 사는 나라다. 우리는 식탁 교제에 헌신해야 한다.

그러나 우리 중에는 식탁 교제에 흠뻑 빠져 있는 사람들도 있다. 우리는 서로 마음이 통하는 이 만남이 너무 좋아 성전 교제를 소홀히 한다. 우리는 청중이 곁에 있고, 누군가 우리를 먹여 주고, 우리에게 귀기울여 주면 기분이 좋다. 우리는 감히 예수님을 권좌에서 몰아내고 그 자리에 우리의 멘토와 우리에게 협조를 아끼지 않는 친구들을 앉힐 정도로 인간 관계에 의존하는 존재다. 교회 출석은 우리의 필요를 알리고 점심에 초대받는 시간으로 전락한다. 사도들이 전한 진리의 가르침을 받아들이거나 우리의 지극히 높으신 전능의 하나님께 기도하는 시간이 아니다.

우리는 기억해야 한다. 가장 크고 첫째 되는 계명이 우리의 전 존재로 하나님을 사랑하는 것임을. 그리고 둘째(그래, **둘째**다) 계명이 우리 이웃을 사랑하는 것임을. 우리는 경계해야 한다. 성전 교제를 회피하고, 우리 영혼이 더없이 궁핍하고 탐욕스러워지는 상태로 전락하여 건전치 못하고 이기적인 방식으로 식탁 교제에 참여하려는 것을.

여기, 기쁜 소식이 있다. 하나님의 성령이 우리 안에 계셔서 우리의 상처와 두려움을 서서히 구속하시고, 교제의 온갖 기쁨을 더욱 충만하게 맛보는 법을 가르쳐 주신다. 그 사이 우리 모두에게 주어진 과제는 건전한 방식으로 식탁 교제에 **헌신하는** 일이다. 거기에 헌신하는 것이다. 그 일은 쉽사리 혹은 저절로 이루어지지 않는다. 바로 헌신이 필요한 대목이다.

7장 성찬

예수님 묵상하기

앞서 살펴보았듯이 한나와 나머지 사람들은 사도들의 가르침과 서로 사귀는 일에 몰두했다. 하지만 그게 전부는 아니다. 그들은 빵을 떼는 것과 같은 사소해 보이는 일에도 몰두했다. 빵을 떼는 것은 순전히 집안 일로만 생각된다. 하지만 그 일은 너무도 중요했다. 한나가 언제나 그 일에 대단한 열심을 보였기 때문이다.

> 그들은 사도들의 가르침에 몰두하며, 서로 사귀는 일과 함께 음식을 먹는 일과 기도에 힘썼다(행 2:42).

빵을 떼는 일은 역사에 뿌리를 두고 있다. 알다시피, 예수님은 죽으시고 부활하시기 전 목요일 밤 최측근 제자들과 더불어 유월절 식사를 하셨다. 그들은 유월절을 기념하기 위해 수천 명의 다른 유대인들과 더불어 예루살렘에 온 것이다. 그들은 하나같이 다락방의 낮은 탁자에 몸을 비스듬히 기울인 상태로 유월절 식사를 했다.

유월절은 하나님이 유대인들을 파멸과 애굽의 종살이에서 구원한 것을 그들이 잘 기억하도록 제정하신 기념일이다(참고. 출 12장). 최초의 유월절 날, 하나님은 이스라엘 백성들에게 그들이 하나님과 관계를 맺고 있다는 표지로 어린양의 피를 문설주에 바르라고 지시하셨다. 죽음의 역병이 그들의 집을 그냥 지나가게 하시려는 의도에서였다.

그래서 유대인들은 오랫동안 유월절을 기념했는데, 거기에는 빵과 포도주가 나오는 유월절 식사가 포함되었다. 유월절 식사는 일종의 재현이요, 결속의 표지였다. 그들은 빵을 먹고 포도주를 마시며 기억하고 이렇게 외쳤다. "**우리도** 노예였다. **우리도** 자유를 얻었다."

예수님이 느닷없이 전통적인 유월절 의식에서 탈피하실 때 그분과 그분의 제자들이 먹은 것이 바로 이 음식이었다. "시간이 되어서, 예수께서 자리에 앉으시니, 사도들도 그와 함께 앉았다. 예수께서 그들에게 말씀하셨다. '내가 고난을 당하기 전에, 너희와 함께 이 유월절 음식을 먹기를 참으로 간절히 바랐다. 내가 너희에게 말한다. 유월절이 하나님의 나라에서 이루어질 때까지, 나는 다시는 유월절 음식을 먹지 않을 것이다'"(눅 22:14-16).

제자들은 예수님이 말씀하신 뜻을 제대로 파악하지 못한 모양이다 ("주님은 대체 무슨 고난에 대해 말씀하시는 거지? 그리고 유월절이 그분의 나라에서 어떻게 '성취'된다는 거지?"). 하지만 이번 유월절 식사가 여느 때와 다를 것임은 확실히 눈치챘다. 그리고 실제로 달랐다.

바울은 이 최후의 만찬에서 일어난 일을 다음과 같이 요약한다. "내가 여러분에게 전해 준 것은 주님께로부터 받은 것입니다. 곧 주 예수께서 잡히시던 밤에, 빵을 드시어서 감사를 드리신 다음에, 떼시고 말씀하셨습니다. '이것은 너희를 위하는 내 몸이다. 이것을 행하여 나를 기억하여라.' 식후에, 잔도 이와 같이 하시고서, 말씀하셨습니다. '이 잔은 내 피로 세운 새 언약이다. 너희가 마실 때마다 이것을 행하여 나를 기억하여라'"(고전 11:23-25).

예수님은 그 목요일 밤, 빵을 떼는 일을 시작하셨다. 그리고 계속 빵을 떼고 포도주를 마시며 자신을 기억하라고 제자들에게 이르셨다. 제자들은 그대로 했다. 그리고 우리의 사례 연구는 한나와 다른 사람들 역시 그렇게 했음을 보여 준다. 실제로 그들은 함께 빵을 떼는 일에 **몰두했다**. 왜 그 일에 몰두했을까? 그리고 빵을 떼면서 그들의 거듭난 삶은 어떻게 달라졌을까?

빵을 떼는 일은 무언가 생각나게 한다

일찍이 예수님을 따랐던 사람들은 훗날 '주의 만찬'(Lord's Supper)으로 일컬어진 의식에 참여하면서 예수님이 문자 그대로 자신의 몸을 내어 주신 일을 떠올렸다. 그들은 빵을 떼고 먹을 때마다 예수님이 십자가에서 자신의 살과 피를 내어 주신 일을 떠올렸다.

이처럼 자신의 몸과 피를 내어 준 일은 희생에 관한 어떤 모호한 영적 은유가 아니었다. 그것은 목요일 밤의 식사가 끝난 후 몇 시간이 지나 그들 앞에 고통스럽게 펼쳐진 실제 사건이었다. 예수님은 끔찍한 고문을 당하셨다. 사람들은 그분을 조롱하고 놀려대고 침을 뱉기까지 했다. 그리고 그분은 서둘러 사형 선고를 받아 처형되셨다. 당시의 사형 수단은 거친 나무로 만든 십자가에 매달아 못질을 하는 공개 처형이었다.

하지만 예수님은 저항하지 않으셨다. 이런 식의 재판이 어디 있느냐고 따지지도 않으셨다. 그저 애원만 했어도 로마 사람들이 풀어 주었겠건만 잠자코 계셨다. 도살장에 끌려가는 어린양과 무척 흡사하게 그분은 고문과 죽음을 달게 받으셨다. 그분은 자신의 몸을 기꺼이 내어 주셨다. 그분이 자신을 따르는 자들에게 생명을 주신 것은 순전히 이러한 희생을 통해서였다.

예수님은 이런 말씀을 하신 바 있다. "내가 진정으로 진정으로 너희에게 말한다. 믿는 사람에게는 영생이 있다. 나는 생명의 빵이다. 너희의 조상은 광야에서 만나를 먹었어도 죽었다. 그러나 하늘로부터 내려오는 빵은 이러하니, 누구든지 그것을 먹으면 죽지 않는다. 나는 하늘로부터 내려온 살아 있는 빵이다. 이 빵을 먹는 사람은 누구나 영원히 살 것이다. 내가 줄 빵은 나의 살이다. 그것은 세상에 생명을 준다"(요 6:47-51).

예수님은 자신의 살을 내어 주어 세상이 생명을 얻게 하셨다. 그래서 예수님을 맨 처음 따랐던 사람들이 빵을 떼어 그것을 씹고 삼켰을 때 그들은 그분의 희생과 고난을 떠올렸다. 그리고 그로 인해 성취된 바가 무엇인지 곱씹었다. 빵을 떼는 것은 이처럼 유월절 식사와 비슷했는데, 그것은 자기 동일시 행위였다. **내** 죄로 인해 **나는** 당신을 십자가에 못박았습니다. 하지만 주님은 당신의 살을 내어 주심으로써 내게 생명을 부여하셨습니다.

그리고 그들은 포도주를 마시면서 예수님이 흘리신 피로 말미암아 새로운 언약을 맺게 되었음을 떠올렸다. 최초의 유월절날 어린양의 피가 유대인들을 구원했다. 마찬가지로 예수님의 피는 새롭고 영원한 구원을 가능케 하셨다. 초대교회는 포도주를 마시면서 이 새로운 언약을 찬미했다. 그 언약이 오래 전에 예고되었고 예수님 안에서 성취되었음을 알았기 때문이다(참고. 렘 31 31-34; 히 8장).

그리고 예수님을 따르는 저 삼천 명은 정기적으로 이 모든 일을 힘써 행했다. 그들은 만왕의 왕이신 분이 십자가에 달려 죽으신 것과 그러한 죽음에 담긴 의미가 무엇인지 힘써 기억했다. 그리고 바울은 빵을 떼고 포도주를 마시는 그들의 관습을 이렇게 묘사했다. "그러므로 여러분이 이 빵을 먹고 이 잔을 마실 때마다, 주님의 죽으심을 그가 오실 때까지 선포하는 것입니다"(고전 11:26).

빵을 떼고 포도주를 마실 때마다 그들의 시선은 어김없이 십자가로 향했다. 그들은 빵을 씹었고 포도주를 마셨고 기억을 떠올렸다. 우리도 그들처럼 할 수 있다. 예수님을 따르는 우리는 빵을 떼고 포도주를 마실 때마다 십자가를 떠올려야 한다.

앞서 말했듯이 그리스도인이 된 후 얼마 되지 않아 나는 교회에 다니기 시작했다. 그런데 놀랍게도 내가 다녔던 몇몇 교회에서 예수님이 별로 거론되지 않았다. 여기서 자초지종을 다 밝힐 생각은 없다. 다만 예수님이 없는 예배를 드리면서 빵을 떼고 포도주를 마시는 성찬식을 거행했다는 사실은 짚고 넘어가야겠다. 여하튼 빵과 포도주의 양은 얼마 안 되었지만 그 의식을 통해 나는 예수님과 그분이 행하신 일을 새롭게 떠올렸다.

한 설교자는 빵을 떼는 일의 가치를 이렇게 표현했다. "강단 설교가 실패했을지라도 성찬식은 예나 지금이나 주님의 죽으심을 선언하고 선포하며 전한다."*

---

* 마틴 로이드 존스, 「영광스러운 교회와 아름다운 종말: 로이드 존스 교리 강좌 시리즈 3—교회론, 종말론」(*The Church and the Last Things*, 부흥과개혁사 역간).

우리의 사례 연구는 예수님을 따르는 자들이 정기적으로 기억을 떠올리는 일에 몰두했음을 보여 준다. 오늘, 성찬식에 참여하는 우리도 그들과 다를 바 없다.

빵을 떼는 일은 성찬식이다

예수님은 자신을 따르는 자들에게 그저 이렇게 말씀하셨을 수도 있었을 것이다. "너희들은 십자가에 달려 죽은 나를 어쩌다 기억하도록 하라." 그러면 그들은 가끔 서로 이렇게 말함으로써 그 경령을 이행하지 않았을까. "친구들, 예수님이 우리를 살리기 위해 십자가에서 돌아가신 것을 기억하게?" 그러나 예수님은 그러시지 않았다.

대신 예수님은 본을 보이고 어떤 물리적인 행위를 시작해 자신을 따르는 자들이 참여하기를 바라셨다. 이러한 물리적 행위─우리가 하나님과 좀더 친밀한 관계를 맺도록 예수님이 물꼬를 트신─는 '성찬식'(sacrament)이라 불리게 되었다. 성찬식은 물리적인 것이다.

이 경우 예수님은 자신의 제자들이 빵을 떼고 그것을 씹어 먹기를 바라셨다. 잔을 돌려 포도주를 마시기 바랐다. 그들은 이 일을 실제로 했다. 사도행전 나머지를 읽어 보면 한나와 삼천 명 중 나머지 사람들(그리고 그들보다 늦게 믿은 사람들)은 하던 일을 정기적으로 멈추고 한 자리에 모여 빵을 떼고 포도주를 마셨다는 게 명백히 드러난다.

눈에 보이는 이러한 행위에는 무언가 그들의 기억을 돕는 요소들이 있음을 예수님은 아셨다. 그래서 그분은 이같이 피부에 와 닿는 행위에 참여하여 자신을 기억하라고 명하셨다. 그 행위에는 만지고 냄새 맡고 맛보는 과정이 따랐다. 그리고 거기에 수반된 이미지는 물리적이고 혼동의 우려가 없는 것이다. 빵을 떼고 씹을 때 우리는 살을 떠올린다. 포도주를 마실 때 우리는 흘리신 피를 생각한다. 그보다 더 가슴을 찌르는 기억이 있을까.

물리적인 이 성례전은…글쎄, 조금은 더디다고나 할까. 예배 도중 누군가를 일어나게 해 이렇게 외치게 하는 편이 더 빠르고 효과적일 것이다. "성도 여러분, 십자가를 잊지 마세요. 그분의 희생을 기억하세요!" 이렇게 하는 데 5초면 충분하다. 전달자가 그 말을 몇 번이고 되풀이하더라도 10초면 충분하지 않을까. 그런데 여기서 예수님이 성찬식을 최초로 거행하셨다. 물리적 성격을 띠고, 나누는 데 시간이 걸리고, 씹는 데 시간이 걸리고, 삼키는 데 시간이 걸린다. 그리고 그 시간은 선물이다.

예수님은 우리에게 몸을 움직이고 시간이 걸리는 그 무언가에 참여하라고 권유하신다. "내 십자가를 지나가는 말로 하지 말라." 예수님은 이렇게 말씀하시는 듯하다. "정말로 십자가에 충분한 시간을 들여 거기에 대해 곰곰이 생각하고 기억하라." (문자 그대로) 그것을 곱씹어 보고 (문자 그대로) 네 안으로 받아들여라. 느긋하게 생각하는 일이라면 딱 질색이다. 솔직히 성찬식은 종종 교회 예배의 틀을 벗어난다. 비효율적이기 때문이다. 인도자는 예배 시간이 1시간을 넘지 않았으면 한다. 그런데 수백 명이나 되는 사람들에게 빵을 떼어 주고 그들로 하여금 큰 컵에 담긴 포도주를 마시게 하면 (아니면 모든 사람에게 아주 작은 컵을 일일이 나누어 주면) 시간이 많이 걸린다. 족히 2시간은 걸릴 것이다.

하지만 예수님은 자신의 제자들에게 성스러운 예식과 관련 있고, 물리적이고, 시간이 걸리는 그 무언가를 행하라고 명하셨다. 그분은 그들에게 진리를 피부로 느껴 보라고, 그것에 참여하라고, 그것을 속으로 받아들이라고 당부하셨다.

성당에 처음으로 갔던 때가 생각난다. 미사를 드리는데 예배의 절정이 강론이 아닌 성찬이라는 느낌을 받았다. 신경에 거슬렸지만 그런대로 의미 있었다. 사제가 회중을 향해 서서히 빵을 들고는 팔을 활짝 벌린 채 이런 내용의 찬양을 했다. "이것은 여러분을 위해 부서진 예수님의 몸입니다." 놀라운 (그리고 엄숙한) 순간이었다.

경외, 고요, 정적 그리고 제단 앞으로 가서 내 차례가 되어 빵과 포도주를 받을 때의 그 평온함에 압도되었다. 그 순간 나는 예수님의 희생을 기억에 떠올렸다. 예전에는 결코 느긋하게 체험하지 못했던, 새롭고도 더 깊은 차원에서.

물론, 한나가 들어갈 대성당은 없었다. 우리가 알기로, 한나와 다른 사람들은 실제로 집집마다 돌아가면서 빵을 뗐다(행 2:46). 하지만 그들은 오늘날 우리가 지키는 물리적이고 본능적이며 비효율적인 성찬에 느굿하게 참여했다. 이리하여 그들은 예수님의 십자가를 기억에 새겼다.

빵을 떼면서 결속을 다지다

우리의 사례 연구를 자세히 살펴보면 한나와 아브람과 나머지 사람들이 다른 그리스도인들과 더불어 언제나 빵을 떼고 포도주를 마셨던 것 같다. 유월절 밤의 다락방에서 식사를 했던 예수님과 제자들로부터, 예루살렘에서 집집마다 돌아가며 빵을 떼었던 저 삼천 명에 이르기까지, 바울과 드로아에서 수백 킬로미터나 떨어진 집에서 한밤중에 모임을 가졌던 그리스도인들(참고. 행 20장)에 이르기까지, 빵을 떼는 일은 언제나 다른 이들과 함께 이루어진 듯하다.

집에서 홀로 조용히 기억을 되새기는 것과, 다른 이들과 더불어 구체적으로 예수님의 희생을 떠올리는 행동을 하는 것은 완전히 다르다. 빵을 떼는 성찬식은 우리가 지난 장에서 살펴본 식탁에서의 교제와 느낌이 같다. 사실상 빵을 떼면서 예수님의 십자가를 기억하는 것은 그리스도인이 체험할 수 있는 식탁 교제에 대한 표현으로는 아마도 가장 친근하면서도 의미 있는 것이 아닐까. 빵을 떼는 것은 이처럼, 예수님을 따르는 자들을 하나가 되게 한다.

빵을 뗄 때 우리는 하나가 된다. 당신이 다른 사람들과 더불어 참여할 뿐 아니라 예수님을 따르는 사람들 또한 어느 곳에서든 똑같은 의식을 치르기 때문이다. 바울이 지중해를 항해하던 배 위에서 빵을 뗄 때 베드로는 예루살렘에서 빵을 뗐다. 히브리어를 사용하는 유대인들이 이스라엘에서 빵을 뗄 때 헬라어를 사용하는 이방인들은 로마에서 빵을 뗐다.

여러 나라와 문화권을 수백 킬로미터나 여행했던 바울은 이렇게 말했다. "빵이 하나이므로, 우리가 여럿일지라도 한 몸입니다. 그것은 우리가 모두 한 빵에 참여하기 때문입니다"(고전 10:17). 당신이 어떤 문화권에 속하든, 어떤 언어를 사용하든, 빵 모양이 어떠하든, 포도주 잔이 얼마나 크고 아름답든, 예수님의 제자들이 다른 이들과 공유하는 것은 누구에게나 동일한 식탁 교제다.

지금도 잊히지 않는 경험이 있다. 정든 집과 익숙한 문화를 떠나 수천 킬로미터나 떨어진 곳에서 처음으로 빵을 뗐던 일이다. 그 곳은 아르헨티나의 부에노스아이레스였다. 빵을 나눈 곳은 부에노스아이레스의 한 빈민촌에 위치한 낡고 어두컴컴한 건물의 개척 교회였다. 우리는 곧 무너질 것 같은 의자에 앉아 기타와 팬 플루트에 맞춰 예배를 드렸다. (우리와 더불어 둥글게 앉아 있던 형제 하나가 전한) 설교는 반미 성향의 정치적 설교였다. 그는 강한 이태리어 억양이 밴 스페인어 방언인 카스티야노(Castillano)로 말씀을 전했다.

예배 시간에 나는 어지럼증이 났다. 문화권이 바뀌면서 느끼게 되는 일종의 문화적 충격이었다. 그러던 중 성찬식 순서가 되었다. 빵 한 덩어리를 떼어 쭉 돌렸다. 저마다 빵 한 조각을 받았다. 잔을 돌리자 우리는 차례대로 포도주를 천천히 마셨다. 그러자 마음에 평온이 찾아들었다.

나는 **그분의** 식탁(나의 새로운 왕의 식탁)에서 내 형제 자매들과 빵을 나눈 것이다. 문화적 이질감에서 오는 긴장은 온데간데 없어졌다. 그 순간, 카스티야노를 말하는 가족들에게 일체감을 느꼈다.

한나와 아브람 역시 그러한 일체감을 맛보았다. 식탁에서의 사귐은 사실상 시대를 초월한다. 오늘 우리가 빵을 뗄 때 우리는 한나와 아브람이 빵을 뗐던 바로 그 자리에 앉아 있는 셈이다. 그리고 우리가 기억하는 것은 그들이 기억했던 것과 정확히 같다. 우리를 살리기 위해 예수님이 어떻게 자신의 몸과 자신의 피를 내어 주셨는지를 기억하는 것이다.

◎ 이제 내가 할 일은?

1. 빵을 떼는 일에 참여하라.

초대교회 예배는 두 부분으로 이루어졌다. 하나는 성경을 가르치는 말씀의 전례였다. 누구든 자유롭게 와서 들을 수 있었다. 말씀의 전례가 끝나면 식탁의 전례가 뒤를 이었다. 여기서는 거듭난 사람 모두가 빵을 떼고 포도주를 마시면서 예수님의 희생과 십자가 승리를 떠올렸다.

이 전례는 예수님이 명하신 것이고 그분이 자신을 따르는 자들에게 주고 싶어하시는 선물이다. 그러니까 그분을 따르는 우리는 이 의식을 치러야 한다. 우리는 교회에 가서 성찬식을 기념해야 한다. 우리는 성도들과 더불어 식탁 교제에 참여해야 한다.

그런데 식탁이 정말 없을 수도 있다. 그리고 성찬식이라는 이름을 붙이지 않을 수도 있다. 알다시피, 시대가 바뀌면서 교회가 빵을 떼고 잔을 돌리는 방식이 무척 다양해졌다. 당신의 교회가 어떤 방식으로 하든 군소리 없이 참여하라.

빵을 뗌, 주의 만찬, 성찬 혹은 성만찬 등 명칭이야 어떻든 핵심은 똑같다. 빵을 떼고 포도주를 마시면서 예수님을 떠올리자는 것이다. 빵에 대해 말해 보자. 한 움큼 뚝 뗄 수 있을 정도로 큰 덩어리일 수 있고, 크루톤(crouton, 샐러드 장식용의 달린 빵 조각-역주) 모양의 사각형일 수도 있고, 종이처럼 얇은 와퍼일 수도 있고, 심지어는 크래커일 수도 있다. 포도주에 대해 말해 보자. 모든 사람이 한데 마실 수 있는 큰 컵을 사용하는가 하면, 작은 개인용 플라스틱 컵으로 마시기도 한다. 가장 흔한 것은 포도주나 포도 주스를 컵에 담은 형태다.

당신이 앉아 있는 곳으로 누군가가 빵과 포도주를 가져다주는 교회가 있는가 하면, 모든 성도들이 제단 앞에 한 줄로 서서 '구성 요소'(빵과 포도주)를 받는 교회도 있다. 느긋하게 빵을 떼고 포도주를 마실 수 있도록 시간적인 여유를 주는 교회가 있다. 빵과 포도주를 받은 뒤에 무릎 꿇고 기도할 수 있는 공간이 마련된 교회도 있다. 컵에 들어 있는 포도주에 빵을 적셔 먹도록 권하는 교회도 있다(따라서 사람들은 컵의 차가운 촉감을 다른 이들과 공유하지 않는다).

일일이 다 신경 써서 스트레스를 많이 받을 필요는 없다. 모르긴 해도 처음에는 당신이 다니는 교회가 어떻게 하나 이리저리 둘러보기 십상이다. 처음에는 그렇게 해도 괜찮고 자연스럽다. 성찬에 참여해 빵을 씹고 포도주를 마시면서 스스로 십자가를 떠올릴 수 있다는 것이 핵심임을 기억하면 된다.

2. 십자가를 기억하라.

예수님이 십자가 위에서 행하신 일에는 분명 무언가 중요한 것이 있다. 그것은 우리를 위한 희생 제물이 되기 위해 그분이 자신의 살과 피를 내어 주셨다는 사실이다. 그리고 예수님은 그 희생—값 주고 사신 모든 것—에 대해 우리가 정기적으로 의식하기를 (눈에 보이게 본능적으로 기억하기를) 바라신다.

우리가 더불어 빵을 떼고 포도주를 마실 때마다 예수님의 십자가 희생에 더욱더 초점을 맞추게 된다. 그분의 십자가 고통이 우리 마음을 사로잡는다. 그분의 부활 승리가 우리 마음을 사로잡는다. 그분의 십자가 희생으로 얻는 새 생명이 우리 영혼을 울리는 노래가 된다.

이 위대한 사역을 예고한 성경 구절에 우리는 마음이 끌린다. 이사야의 예언을 들어 보자.

> 그러나 그가 찔린 것은 우리의 허물 때문이고,
> 　그가 상처를 받은 것은 우리의 악함 때문이다.

그가 징계를 받음으로써 우리가 평화를 누리고,

    그가 매를 맞음으로써 우리의 병이 나았다.

우리는 모두 양처럼 길을 잃고,

    각기 제 갈 길로 흩어졌으나,

주께서 우리 모두의 죄악을

    그에게 지우셨다.

그는 굴욕을 당하고 고문을 당하였으나,

    아무 말도 하지 않았다.

마치 도살장으로 끌려가는 어린양처럼,

    마치 털 깎는 사람 앞에서 잠잠한 암양처럼,

    끌려가기만 할 뿐, 아무 말도 하지 않았다(사 53:5-7).

우리가 정기적으로 빵을 뗄 때 우리의 정신과 마음은 십자가를 바라

십자가 사건을 더 깊게, 혹은 더 풍성하게 이해하고자 한다면 예루살렘에서 일어난 일을 묘사한 사복음서 하나를 천천히 음미하라. 예수님과 그분의 십자가에 관한 바울 서신을 읽어도 좋다(예를 들면, 골 1-2장). 거기에서 바울이 자주 십자가에 대해 말했고 기록을 남겼기 때문이다. 또한 존 스토트의 「그리스도의 십자가」(*The Cross of Christ*, 한국 IVP 역간)를 강력히 추천한다. 십자가 사건에 함축된 의미를 새겨 깊게 풀어 내는 수작이다.

본다. 우리에게는 십자가를 생각나게 하는 그 무언가가 필요하다. 우리를 유혹해 십자가를 잊게 하는 미묘한 방식이 있다. 물론 우리는 하늘이 두 쪽 나도 십자가와 예수님의 십자가 희생을 잊지 않을 것이다. 하지만 이렇게 저렇게 다른 곳에 한눈파는 일이 있기는 하다.

나는 모든 에너지를 집중해 예수님을 철저히 따른다는 것이 과연 무엇을 의미하는지를 성찰하느라 꽤 오랜 시간을 보낸 바 있다. 내가 현재의 삶에만 급급하면 십자가에 달리신 예수님은 시야에서 사라진다. 내가 그분의 가르침을 공부하면서 급진적 제자도에 신경 쓰면 예수님과 그분의 위대한 사역은 기억에서 멀어진다. 그처럼 강조점을 잘못 짚으면 얼마 후에 큰 일이 생긴다.

내 시선을 예수님께로 다시 향할 수 있게 된 계기는, 교회 성도들이 매주 참여하는 비효율적이고 시간이 걸리는 성찬이었다. 나는 손가락에 빵의 감촉을 느끼면서 한 움큼 뗀다. 그 순간 예수님의 살이 나를 위해 찢겨진 저 언덕을 떠올리게 한다. 빵을 씹어 삼킨다. 마음속에 그분이 당하신 고문, 그분이 치르신 희생이 떠오른다. 포도주를 마신다. 내 영혼이 하나님의 눈에 비친 나 자신의 순수함이라는 진실 주위로 더 단단히 싸매진다. 예수님이 나를 위해 피를 흘리셨기 때문이다.

내 생각에, 한나가 다른 사람들과 정기적으로 빵을 떼고 포도주를 마시면서 체험한 것이 바로 이것이었으리라. 그녀와 아브람은 십자가의 사람들이었다. 우리도 마찬가지다. 우리가 그분의 식탁에 함께 앉을 때 우리는 그분이 다시 오셔서 함께 천국의 식탁에 앉게 될 그 날을 미리 조금 맛보는 셈이다. 베드로, 바울, 한나, 아브람, 실라…그리고 **내가** 예수님과 더불어 성찬에 참여하는 그 날을.

8장 기도
하나님과 속삭임 주고받기

한나와 아브람과 나머지 사람들의 새로운 삶에는 훨씬 더 많은 무언가가 있다. 그것을 살펴본다면 흥미진진할 것이다(시간 날 때 사도행전을 통독해 보라. 내 말뜻을 알게 될 것이다). 사례 연구를 잠시 중단하기에 앞서 할 일이 있다. 그것은 그들의 새로운 삶의 또 다른 특징 하나를 더 꼼꼼히 살피는 일이다. 우리가 듣기로, 그것은 그들이 헌신했던 네 번째 항목이다. 그들의 이야기를 구석구석 살펴보면 그들이 믿기지 않을 정도로 이 일에 상당히 몰두했음을 알게 된다.

> 그들은 사도들의 가르침에 몰두하며, 서로 사귀는 일과 함께 음식을 먹는 일과 기도에 힘썼다(행 2:42).

젊은 실라와 그의 유대인 친구들은 이미 기도에 풍성히 입문한 상태다. 하나님은 유대인들에게 특정한 종류의 백성이 되라고 이르셨다. 거기에는 풍성한 기도의 삶이 따랐다. 기도란 간단히 말하자면, 사람과 하나님이 서로 나누는 대화다. 기도는 성경 전체 이야기의 중심이자 토대이다. 하나님은 그분의 백성들과 관계 맺기를 간절히 바라셨다. 그분의 백성들 또한 마찬가지였다. 그러니까 기도는 하나님과 그분의 백성들이 주고받는 속삭임이었다.

그러나 시간이 흐르면서 그들의 기도는 빛이 바랬다. 서서히 겉치레에 **빠져들기** 시작한 것이다. (유대인이기도 하셨던) 예수님이 나타나시자 사람들은 기도 숄을 걸치고 성구함(구약 성경을 적은 양피지를 담은 가죽 상자로, 아침 기도 때 하나는 이마에, 하나는 왼팔에 잡아맴—역주)을 갖고 기도했을 뿐더러 **가장 널찍한** 성구함을 가진 것을 과시하고 싶어했다. 그들은 무리지어 기도했을 뿐 아니라, **길모퉁이**에서 목소리 높여 번지르르한 말을 늘어놓았다. 행인들의 시선을 끌 욕심에서였다.

그리하여 예수님은 자신을 따르는 자들에게 사람들에게 보이기 위한 쇼 같은 '기도'는 절대 하지 말라고 단단히 이르셨다. 또 장황하게 남에게 강한 인상을 주기 위해 빈 말을 늘어놓는 기도도 하지 말라고 강력하게 경고하셨다(마 6:5-8).

대신 예수님은, 기도란 단순히 우리의 아버지와 이야기를 나누는 것이라고 거듭 강조하셨다. 소리치며 기도할 필요가 없다고 말씀하셨다.

우리가 어디 있든 하나님 아버지는 다 들으시기 때문이다(마 6:5-13). 예수님은 기도를 자주 하셨고, 기도에 관한 말씀도 자주 하셨다. 그러므로 젊은 실라와 그의 친구들이 회개하고 세례를 받은 후 기도에 힘쓴 것은 당연했다. 그런데 이 기도 생활은 과연 어떠했을까?

기도는 속삭임이다

실라가 기도에 힘쓴 모습과 삼천 명의 사람들 또한 기도에 몰두한 구체적 기록을 보면 그들은 하나님이 곁에 계시다고 생각한 모양이다. 그리고 하나님도 그들과 이야기를 나누고 싶어하신 도양이다. 어린 자녀들이 아버지와 이야기하그 싶어하는 것과 같다. 그들은 하나님의 귀에 대고 속삭이듯 기도했다.

실라는 기도할 때 성구함을 착용하거나 특정 장소를 고집하지 않았다. 그를 비롯한 초대교회 그리스도인들은 그냥 기도했다. 그들은 끊임없이 기도했다. 숨어 지내는 가운데서도(행 1:14), 성전에서 다른 사람들과 함께 있을 때에도(행 2:42; 3:1), 하나님께 똑같은 달을 부르짖어 아뢰는 동료들과 함께 있을 때에도 기도했다(행 4:24). 교회 지도자들은 기도의 사람이었다(행 6:4). 죄에 깊이 빠져 있는 사람들도 그랬다(행 8:22). 우리는 사람들이 지붕에서(행 10:9), 외딴 강에서(행 16:13), 한밤중에 감옥에서(행 16:25) 그리고 바닷가에서 무릎 꿇고(행 21:5) 기도하는 모습을 본다.

바꿔 말해 보자. 그들은 기도에 미친 사람들이었다. 그들은 상황과 장소에 구애받지 않고 기도에 힘썼다. 그들은 가는 곳마다 하나님이 곁에 계신 것처럼 기도했다. 그들은 예수님이 기도해 관해 똑똑히 하신 말씀을 떠올린 듯하다.

하지만 하나님은 눈에 보이지 않으니 우리가 기도에 대해 왜곡된 생각을 품기 십상이다. 가령 이런 식이다. 우리는 그분이 곁에 계시다는 사실을 깜빡 잊는다. 우리는 하나님이 멀리 계시다고 생각한다. 우리 기도는 점점 형식에 치우친다. 우리는 하나님이 우리 기도를 듣지 못하실까 봐 목소리를 높인다. 장황하고 종교적인 냄새가 풍기는 말들이 기도를 지배한다.

이처럼 속삭이듯 하는 기도에서 벗어나는 것은 포착하기가 어렵다. 그런 기도에서 한참 벗어나고 나서야 그 사실을 알아차릴 수 있다.

한번은 내가 학생들로 북적대는 콜로라도 대학의 학생회관에서 한 학생을 기다린 적이 있었다. 때는 바야흐로 봄이었다. 나무에서는 새순이 돋아나고 있었고 사람들의 옷차림은 서서히 가벼워졌다. 나는 친구가 이제나 저제나 오기만을 기다렸다. 바로 그 때, 옷을 거의 벗다시피 한 여학생 몇명이 내 앞을 지나갔다.

나는 만감이 교차했다. 처음에는 "이게 웬 떡이냐!" 싶어 시선을 돌리지 못했다. 그 때 지금 내가 정욕 앞에 무릎 꿇으면 다음 번에 기도할 때 죄책감을 느낄 것이라는 깨달음이 왔다. 그러면서 곰곰이 생각하기 시작했다. 하나님은 어째서 남자에게 그런 충동을, 여자에게는 그런 자태를 주셨을까. 내 눈과 내 생각을 지키지 못한다면 어떤 해를 입게 될까 궁금했다. 나사가 풀린 듯한 그 캠퍼스에서 이런 조용한 내적 투쟁을 벌이는 사람은 나뿐이라는 생각이 들었다. 그 순간 정신이 번쩍 들었다.

정신이 번쩍 들었다. 바로 거기에서 하나님이 나와 함께 계시다는 생각이 든 것이다. 이러한 깨달음이 나를 압도하자 나도 모르게 입에서 큰 속삭임이 터져 나왔다. "예수님, 방금 저 여학생들 옷차림 보셨죠? 틀림없이 보셨죠?" 하나님이 바로 내 곁에 계시다는 사실, 그래서 내 생각과 감정과 충동과 나 홀로 씨름하는 대신 그분에게 속삭일 수 있다는 사실을 거듭 떠올리면서 나의 전반적인 마음가짐이 달라지기 시작했다.

하나님과 나의 대화는 오래 지속되었다. 대화의 주제는 정욕과 티셔츠와 여성의 품위와 내 눈과 우리 문화였다. 그것은 신선하고도 놀라운 체험이었다. 그 날 오후 하나님은 이런저런 것들을 내게 속삭이듯 말씀해 주셨다. 그것은 큰 충격이었다. 하지만 중요한 것은 당시 하나님과 나눈 대화가 구체적으로 어떤 내용이었느냐가 아니다. 요점은, 내가 하나님이 가까이 계신 것을 보지 못하고 기도의 참된 본질을 너무 쉽게 망각한다는 사실이다. 그리고 기도에 관한, 자신의 아빠와 다정하게 이야기하는 어린아이처럼 되는 것에 관한 예수님의 가르침을 떠올리는 것은 얼마나 신선한 일인지 모른다.

우리의 사례 연구를 통해 얻은 세부 지식으로 미루어 보건대 실라와 그의 친구들은 기도에 관한 예수님의 가르침을 신뢰한 듯하다. 이제 우리는 바로 그것을 주목해야 한다.

기도는 귀기울이는 것이다

그 후 수년 간 실라와 다른 사람들의 삶을 추적해 보자. 우리는 그들이 하나님께 아뢰었을 뿐 아니라 하나님 또한 그들의 기도에 응답하셨음을 알게 된다. 예컨대, 사도행전에서 하나님이 바울에게(행 22:17-18), 고넬료에게(행 10:30-31), 베드로에게(10:9-16), 빌립에게(8:26), 아나니아에게(9:15-16), 같은 시간에 모인 무리에게(13:2) 어떻게 말씀하셨는지 알 수 있다. 그리고…이제, 감이 잡힐 것이다. 하나님은 실라와 그의 친구들에게도 말씀하셨다.

하나님의 음성을 듣는다고 상상하면 온 몸이 전율할 것이다. 하지만 예수님을 새로이 따르는 자들에게는 그것이 신기한 일이 아니었다. 그들이 하나님과 친밀한 관계 속에 있었기 때문이었다. 하나님은 그들과 함께하면서 이야기를 나누셨다. 예수님은 성령이 오셔서 자신을 따르는 자들 가운데 거하실 것이라고 분명히 약속하신 바 있다. 그분은 성령을 '보혜사'—곁에 계시는 자—로 일컬었으며, 성령께서 그들에게 모든 것을 가르쳐 주시고 예수님께서 말씀하신 모든 것을 생각나게 하실 것이라고 말씀하셨다(요 14:26).

그들은 언제나 곁에 계시는 하나님과 관계를 유지했다. 때문에 하나님이 이따금 그들에게 이런저런 것들을 말씀하신다는 것은 이치에 닿는다. 관계란 바로 그런 모습이다.

물론, 우리는 우리 눈에 보이지 않는 거룩하시고 영원하신 창조주 하나님과 관계를 맺는 인간에 대해 이야기하고 있다. 그러므로 정확히 말해 인간과 하나님의 관계는 다른 모든 관계와 같지 않다. 사도행전에는 별별 이야기가 다 나온다. 하나님의 육성을 들은 것처럼 보이는 몇몇 그리스도인들, 꿈에서 하나님의 음성을 들은 사람들, 영혼의 귀로 속삭임을 들은 사람들, 사도들의 가르침을 통해 그분의 목소리를 들은 사람들, 집단으로 그분의 음성을 들은 사람들. 이처럼 하나님의 음성을 듣는 일은 다양한 방식으로 나타난다. 우리의 사례 연구에서 분명한 사실은 그런 일이 실제로 일어난다는 것이다.

그러니까 우리가 하나님과 속삭임을 주고받을 때 말하는 주체는 우리만이 아니다. 아마 하나님도 우리에게 무언가 속삭이고 싶어하실 것이다. 이것은 놀라운 소식이다. 문제가 하나 있다면, 거기에는 듣는 일이 수반된다는 것이다.

오늘날 우리는, 듣는 일이라면 왠지 낯설다. 한꺼번에 여러 일을 처리하다 보니 분주하고, 언성을 높이며, 매체가 없으면 쩔쩔 맨다. 예를 들어 보자. 자가용으로 출근하는 나는 습관처럼 라디오 뉴스를 듣거나 CD를 틀거나 휴대 전화로 통화를 한다. (아니면 두세 가지를 동시에 할 때도 있다!)

내 삶에서 침묵을 지키는 것은 매우 드문 일이다. 1년 전 나는 처음으로 MP3 플레이어를 구입했다. 와! 돌연 내 삶에서 침묵을 지킬 이유가 **깡그리** 사라졌다. 듣는 일이 예전보다 좀더 어려워졌다. 많은 이들이 그럴 것이라는 생각이 든다.

그러니까 하나님의 속삭임을 듣고 싶다면 침묵을 다시 배울 필요가 있다. 어쩌다 생색내듯 하는 침묵이 아닌, 더없이 완벽한 침묵을.(당신이 고개를 돌려 주위를 살피느라 목이 옷깃에 스칠 때 나는 소리가 들릴 만큼) 저 심오하면서도 광막한 침묵이라면 더 바랄 게 없다. 하지만 그것이 하나님의 음성을 듣기 위한 선결 조건은 아니다. 우리는 바쁘게 돌아가는 일상사 가운데서도 귀를 기울이고 침묵하는 법을 배워야 한다. 실라와 그의 친구들이 산이나 바닷가로 수련회를 떠나서만 기도했다는 이야기는 금시초문이다. 우리가 알기로, 그들은 일상적인 삶 가운데서 기도했다. 그들은 하나님 아버지의 말씀을 귀담아 들을 공간을 마련했다.

내 경우에는 이것이 샤워 중에 아침 라디오 방송을 틀지 않기로 의식적인 노력을 기울인다는 것을 의미한다. 며칠에 한 번이라도 라디오를 틀지 않은 채 운전할 것이다. 가게에 갈 때에도 차는 놓아두고 걸어가는 편을 택할 것이다. 아이들이 침실로 들어간 후 그리고 내가 TV를 켜기 전, 그 사이에는 이따금씩이라도 베란다에 그냥 앉을 생각이다(내 무릎 위에 책이나 신문 따위는 올려 놓지 않을 것이다). 이런 사소한 방식으로 자투리 시간을 확보해 그 시간만큼은 얼마간 침묵하고 귀기울이려 한다.

침묵을 지키는 것이 버거울 수도 있음을 나는 알았다. 고작 10분인데도 말이다. 침묵을 지키는 것은, 우리가 자라 가야 하고 익숙해져야 할 그 무엇이다. 우리가 지구력을 길러야 할 그 무엇이다. 누군가가 이런 말을 하는 것을 들었다. 보통 사람이 자신의 정신과 감정과 생각을 제대로 진정시키는 데 족히 한 시간은 걸린다. 침묵과 고요는 서두른다고 되는 게 아니다. 사실이 그렇지 않은가. 침묵과 고요는 시간을 요한다. 이는, 기도에 단순히 흥미를 갖는 차원이 아닌 **힘쓰는** 것이 왜 그렇게 중요한지를 우리에게 약간이나마 일깨워 준다.

기도는 형태가 다양하다

예수님을 처음 따랐던 사람들이 딱 한 가지 형태의 기도를 고집하지 않았음에 주목하자. 그들은 기도하면서 죄다 똑같은 말을 내뱉거나 똑같은 방식을 취하거나 똑같은 자세로 하지는 않았다. 실라와 나머지 사람들은 자신을 위해 중보 기도를 요청했고(행 8:24), 극심한 혼란과 어둠 가운데서 기도했으며(9:11), 또한 자신과 함께할 수 없는 어려움에 처한 사람들을 위해 기도했다(12:5). 그들은 특별 기도 모임을 가졌고(12:12), 사람들에게 목회를 닫길 때에도 기도했으며(14:23), 또한 병든 자를 낫게 해 달라고 기도했다(28:8).

사도행전에 기록된 나머지 기도를 이리저리 살피다 보면 기도가 다양한 이미지를 띠고 있음을 알게 된다. 순전히 개인 기도가 있는가 하면 집단 기도도 있다. 고즈넉한 자연에서 드리는 기도가 있는가 하면 떠들썩한 도시에서 드리는 기도도 있다. 하루를 쉬면서 드리는 기도가 있는가 하면 고군분투하면서 드리는 기도도 있다. 말로 하는 기도, 영상 기도, 방언 기도, 깊은 침묵 속에서 드리는 묵상 기도도 있다. 하나님의 인도하심을 구하는 겸손한 기도가 있는가 하면, 하나님의 즉각적인 개입을 촉구하는 담대한 기도도 있다. 식사 기도가 있는가 하면 금식 기도도 있다.

기도의 형태가 이렇게 놀라울 만큼 다양하다는 것은 하나님과의 대화가 역동적임을 보여 준다. 기도는 방식이나 형태가 제각각이다. 그렇다고 놀랄 것까지는 없다. 지금 우리는 서로 관계를 맺는 인간과 하나님에 관해 말하고 있기 때문이다. 여느 관계에서도 그렇겠지만, 우리의 대화 또한 이따금 심각하거나 교육적이거나 어리석거나 침묵을 지킬 때가 있다.

우리는 매번 똑같은 방식으로 이야기하지 않는다. 내가 어머니와 이야기하는 방식은 아내와 이야기하는 방식과 다르다. 그리고 아내와 이야기하는 방식은 자녀들과 이야기하는 방식과도 다르다. 나의 대화 방식은 내가 맺고 있는 관계들만큼 다양하다. 우리의 사례 연구에서 알 수 있듯이, 하나님의 대화 방식 또한 여러 가지다.

거듭 말하거니와, 예수님은 어떤 사람들이 특정한 방식으로 기도하며 자신의 기도 방식이 남다르다는 것을 과시하지 못해 안달이 난 것을 보셨다. 그래서 그분은 자신의 제자들에게 그들을 흉내내지 말라고 경고하셨다. 그리그 이렇게 덧붙이셨다. "너는 기도할 때에, 골방에 들어가 문을 닫고서, 은밀하게 계시는 네 아버지께 기도하여라"(마 6:6).

이따금 (문자 그대로) 한적한 곳으로 가서 홀로 기드하는 것이 중요하다. 그러나 예수님은 늘 그렇게 해야 한다고 암시하지 않으셨다. 그분 자신은 사람들과 더불어, 사람들 주위에서 기도하셨다. 그분의 제자들 또한 그랬다. 그러니까 그분이 제자들에게 하신 말씀의 요지는 기도가 장소와 전혀 무관하다는 것이었다. 내 생각에, 그분은 제자들에게 하나님과 함께 있을 때면 **자연스럽게 행동하라**(be themselves)고 권면하셨다. 굳이 튀는 행동을 하거나 평소와 다른 태도를 취하지 말라. 차라리 '골방' (당신 내면의 중심)으로 들어가 유일한 청중에게 기도하라. 바로 당신의 하나님께.

당신이 기도할 때 하나의 청중이 있다. 서로 눈이 마주치는 당신과 하나님이다. 하나님과 당신은 둘 사이에 필요한 이야기라면 무엇이든 나누게 된다. 오직 두 사람이 서로 대화하는 방식으로.

우리와 하나님의 관계는 **독특할** 뿐 아니라(그분은 우리를 한 개인으로 상대해 주신다) 시간이 지나면서 성장하고 변화한다. 삶의 시기가 바뀌면서 우리 기도의 모양과 느낌이 달라질 것이다.

남은 생애 동안 반드시 무릎 꿇고 기도하지 않아도 된다는 사실을 알았을 때의 기분이란, 정말이지 하늘을 날 듯했다. 기도란 으레 무릎을 꿇은 채 두 눈을 감고 두 손을 모아 하는 것으로만 알고 있었기 때문이다. 실제로 나는 그런 식으로 기도했다. 대학교 2학년 때의 일이다. 래리라는 나보다 나이 많은 그리스도인이 자기와 함께 기도할 수 있느냐고 물었다. 나는 좋다고 했다. 그가 내 기숙사로 왔고 우리는 함께 밖으로 나가 걷기 시작했다. 나는 그의 숙소나 가까운 교회로 가서 같이 기도하겠거니 하고 생각했다. 그런데 그는 걸음을 계속 옮기면서 느닷없이 하나님께 말을 걸기 시작했다.

나는 어찌할 바를 몰랐다. 그의 얼굴을 슬쩍 훔쳐 보니 눈은 아직도 뜬 상태였다. 그는 눈을 뜬 상태였다! 그는 나와 함께 산책하면서 하나님과 이야기를 나눈 것이다. 나는 캠퍼스를 가로지르는 보도를 따라 우리 주변을 지나치는 다른 학생들을 두리번거리며 쳐다보았다. 또한 우리가 하고 있는 일을 믿을 수 없었다. 우리는 기도하면서 걷고 있었던 것이다. 잠시 후 그는 조용해졌다. 나도 그를 따라 한번 뱃심 좋게 시도해 봐야겠다고 생각했다. 그래서 걸으면서 하나님께 말씀드렸다.

그러한 경험을 통해 나는 초대교회 그리스도인들의 분명한 깨달음이 무엇인지 알 수 있었다. 그것은 기도의 형태가 다양하다는 사실이었다. 그 이후로 나는 하이킹하면서, 설거지하면서, 그리고 (내가 제일 좋아하는) 야구를 하면서 큰 소리로 기도했다. 우리의 사례 연구에 등장하는 삼천 명의 사람들이 야구를 하면서 기도했을 리는 절대 없을 것이다. 하지만 그들이 다양한 방식으로 기도했음은 기도에 관한 예수님의 아주 분명한 가르침, 곧 기도는 아이들이 아빠와 이야기하듯 친밀하면서도 개인적인 것임을 그들이 신뢰했다는 증거가 된다.

이제 내가 할 일은?

1. 기도에 힘쓰라.

그리스도인이 된다는 것은 하나부터 열까지 하나님과 새롭고, 역동적이며, 예상을 뒤엎고, 친밀한 관계를 맺는 일이다. 예수님은 이러한 관계를 맺을 수 있도록 해주신다. 그리고 그분과 속삭임을 주고받는 일에 집중하는 것은 당연하다. 우리는 힘써 그렇게 해야 한다. 즐거이 그렇게 해야 한다. 이것 외에 다른 쓸데없는 말은 듣지 않는 게 좋다.

때때로 이것은 완전히 홀로 기도해야 한다는 것을 의미한다. 개인 기도가 다양한 모습을 띨 수 있음은 물론이다. 큰 소리로 하나님께 아뢰는 사람들이 있다. 일기 형식으로 하나님께 편지를 보내는 사람들도 있다. 마음속으로 조용히 '이야기하는' 사람들도 있다. 그분에게 찬양을 드리는 사람들도 있다. 하나님과 대화하는 방편으로 그림을 그리는 사람들도 있다. 사람들은 하나님께 속삭인다. 앉은 채로, 침대 옆에 무릎을 꿇은 채로, 서 있는 채로, 걸어가면서. 핵심은 그냥 그분과 함께하는 것이다. 자연스럽게 행동하라. 무슨 일이 일어나게 하거나 어떤 체험을 해야 한다는 부담은 갖지 말라. 그저 느긋하라. 기도할 때 무슨 일이 일어나든 그것을 즐겨라. 침묵이든, 말이든, 느낌이든, 확신이든, 질문이든, 친밀감이든, 따분함이든….

그런가 하면 다른 사람들과 함께 기도하게 될 때가 있다. 예수님을 따랐던 사람들은 함께 즐겨 기도했다. 성전 모임에서건, 소그룹 모임에서건, 특별 기도 모임에서건, 함께 식사를 하기 전이건. 그리스도인이 두 명 이상 모이면 어떻게 될까? 예루살렘의 저 삼천 명처럼 그들이 힘을 모아 하나님께 속삭이는 모습을 심심치 않게 보게 될 것이다.

다른 사람들과 함께 하는 기도가 당신에게 새로운 경험이 될 수 있듯이, 그것은 또한 내가 래리와 함께 했던 첫 산책 기도처럼 충격적이고, 기묘하고, 궁극적으로는 자유로운 기분을 갖게 할 수 있다. 마음의 문을 열고 새로운 것을 체험하라. 그리고 하나님과 이야기를 나눌 때는 물 흐르듯 자연스러워야 함을 머리에 새기라. 하나님께 기도할 때 옆 사람을 따라해야 한다고 생각하지 말라. 무릎 꿇는 게 유익하다면 그렇게 하라. 설령 주위의 어느 누구도 그런 자세를 취하지 않더라도 말이다. 눈을 감는 게 편하다면 그렇게 하라. 서 있고 싶다면 그런 상태를 지속하라.

단체로 기도할 때는 기도하는 방식이라든가 손이나 눈을 어떻게 '해야 할지'에 대해 신경 쓰지 않아도 된다는 것을 명심하라. 하나님과 함께 하면서 그분의 자녀처럼 이야기하면 된다.

가장 중요한 것은 정해진 시간에 기도하는 일이다. 그것이야말로 우리가 이 장에서 줄곧 보았던 헌신의 자세다. 예수님은 늘 기도하고 낙심하지 말아야 한다고 제자들에게 분명히 이르셨다. 그분은 끈질기게 기도하라고 격려하셨다(눅 18:1-8).

개인 기도건 합심 기도건 기도에 힘쓸 때 당신은 그 과정에서 예기치 않은 놀라움과 성장을 체험하게 될 것이다. 하나님과의 관계는 돈독해지고, 자제심은 강화되고, 여러 사람 속에 있을 때 더욱 편안하고 자연스러운 모습을 띠게 될 것이다. 당신이 힘써 기도할 때 시간이 흐르면서 이 모든 변화가 서서히 일어난다.

2. 주기도문으로 기도하라.

당신이 기도에 계속 힘쓸 때 주기도문은 필시 큰 위로와 도움이 될 것이다.

예수님의 제자들은 자신들의 기도 방식에 관한 그분의 생각이 어떠한지 궁금해했다(눅 11:1). 그래서 예수님은 그들에게 기도에 대해 많은 것을 가르치셨다. 우리는 이 장을 시작하면서 그분이 가르치신 기도에 대해 여러모로 살펴보았다. 물론 그게 전부는 아니다(예를 들어 눅 11:5-13; 18:9-14). 그런데 어느 날 예수님은 제자들에게 일종의 기도 모범을 가르

당신의 기도가 무르익을 때 「제임스 패커의 기도」(*Praying*), 제임스 휴스턴(James Houston)의 「기도: 하나님과의 우정」(*The Transforming Friendship*, 이상 한국 IVP 역간), 리처드 포스터의 「기도」(*Prayer: Finding the Heart's True Home*, 두란노 역간)가 아주 유익한 도구가 될 것이다. 이 책들은 내게 엄청난 도움이 되었을 뿐더러 흥미진진하기까지 했다.

치셨다.

> 그러므로 너희는 이렇게 기도하여라.
> "하늘에 계신 우리 아버지,
> 이름을 거룩하게 하시오며,
> 나라가 임하게 하시오며,
> 뜻이 하늘에서 이루어진 것같이,
> 땅에서도 이루어지게 하시옵소서.
> 오늘 우리에게 필요한 양식을 주시옵고,
> 우리가 우리에게 죄지은 사람을 용서하여 준 것같이,
> 우리 죄를 용서하여 주시옵고,
> 우리를 시험에 들게 하지 마시고,
> 악에서 구하시옵소서"(마 6:9-13).

나는 자라면서 이 기도를 귀가 닳도록 들었다. 곧잘 외우곤 했지만 심각하게 생각해 본 적은 별로 없었다. 하지만 나의 이러한 타성이 완전히 바뀌는 일이 일어났다. 어느 여름, 내가 캘리포니아 주 이스트 팔로알토에 살고 있을 때였다. 대학을 졸업한 나는 여름에 개인 교습 프로그램 운영을 돕는 일을 했다. 나는 쉴 틈 없이 강행군을 했다. 하루 겨우 쉴 때면 지칠 때 늘 하던 것을 했다. 즉 책 몇 권을 고른 후 시간 가는 줄 모르고

읽었다.

그런데 그 날따라 동네 도서관에서는 도서 염가 판매를 하고 있었다. 손상이 심하거나 시대에 뒤져 찾는 이가 없는 책들을 처분하는 것이었다. 헐값의 책들이 꽂혀 있는 서가를 이리저리 훑어보던 나는 지친 다리에 갑자기 힘이 솟는 걸 느꼈다. 내 눈에 처음 들어온 책은 루이스 에블리(Louis Evely)가 쓴 얇은 책이었다. 예전에 이 유럽인 사제가 쓴 다른 책을 읽었던 터라 나는 이 책을 잽싸게 낚아채고는 값을 치렀다. 집에 돌아온 나는 곰팡내 풀풀 나는 이 책을 정신없이 읽었다.

제목이 「뱃심 좋게 우리 아버지께 아뢰다」(*We Dare to Say Our Father*)인 이 책은 주기도문을 다루고 있었다. 차례를 대강 훑어보니 내용이 재미있을 것 같은 예감이 들었다. '우리의'라는 제목의 장이 있는가 하면 '아버지'라는 제목과 '하늘에 계신'이라는 제목의 장도 있었다.···이쯤 되면 나머지 장들의 제목도 어렵지 않게 짐작할 수 있으리라' 책을 집어든 나는 그 유명한 주기도문을 새로운 눈으로 읽기 시작했다.

나는 주기도문의 각 구절을, 암기하거나 이따금 빠른 속도로 중얼거려야 할 단어로 보지 않게 되었다. 오히려 내 자신의 기도로 채워야 할 튼튼한 그릇으로 보았다. '아버지'라는 단어도 주기도문에 들어 있는 단순한 호칭으로 말하지 않았다. 오히려 아버지라는 단어를 발설한 후 잠시 멈춰 하나님 아버지를 머릿속에 그리고, 그분의 아들인 내 신분을 인정하고, 아버지가 자녀에 대해 품는 사랑과 진리에 대해 생각했다. 그 때

비로소, 즉 이 한 단어를 온전히 내 기도로 채우고 나서야 그 다음 부분으로 진행할 수 있었다.

'우리 죄를 용서하여 주시옵고'라는 대목을 기도할 때는 잠시 호흡을 가다듬은 후 내 죄를 고백했다. 나는 하나님 앞에 내 모든 죄를 내려놓았다. 이렇게 해서 나는 예수님이 자신의 제자들에게 주신 기도의 길을 서서히 걸어 나갔다. 내가 주기도문을 **말하는** 데는 7초면 충분하다. 하지만 그것으로 **기도하는** 데는 때로 꼬박 한 시간은 잡아야 한다.

예수님이 제자들에게 이 짧은 기도를 가르치신 이후 그 기도는 수많은 언어로, 수많은 나라에서, 거의 모든 그리스도인이 거듭해서 드려 왔다. 주기도문은 선물이다.

이 기도는, 내가 기도할 때 갈팡질팡하고 적절한 말이 떠오르지 않아 고민할 때 구원 투수 역할을 톡톡히 해냈다. 주기도문은 제대로 시작할 수 있는 좋은 기회를 제공해 주었다. 그 기도는, 우리가 서로 이야기했으면 하고 하나님이 바라시는 많은 주제들을 훑어보게 한다.

당신은 아는가? 의심할 여지없이, 실라와 그의 친구들이 우리가 기도하는 이 주기도문을 통해 기도했음을. 주기도문은 또한 그들의 기도 생활을 풍성하게 해준 선물이었다. 주기도문은 그들이 힘썼던 기도의 일부였다. 그것은 오늘날 우리에게도 마찬가지다. 우리 대다수가 주기도문을 이미 암송하고 있으니, 이 얼마나 다행스런 일인가. 이제 남은 일은 주기도문으로 기도하는 것이다.

결론
못다 한 이야기

자, 당신은 해냈다. 당신은 마침내 책 한 권을 돌파했다.

이 책에서 우리는 그 날 예루살렘에서 일어난 사건들을 매우 면밀히 살펴보았다. 우리는 아브람과 실라와 디몬과 다른 사람들의 이야기를 추적하면서 그들이 거듭나는 기적과 새로운 삶을 시작하는 기쁨을 생생하게 지켜볼 수 있었다.

그러나 그 날 그 이야기는 시작되었을 뿐이다. 기적과 기쁨이 이제 막 펼쳐지고 있었다. 사도행전을 쭉 읽다 보면 이 사실을 알게 될 것이다. 그들이 장차 무슨 일을 하게 될지, 그들의 내면 세계가 어떻게 변화될지, 그들이 살아서 무슨 일을 보게 될지를 어느 누가 상상이나 할 수 있었겠는가?

예수님을 제외하곤 아무도 그렇게 할 수 없었으리라.

놀랍고 희생이 따르며 그만한 가치가 있다

예수님은 아셨다. 예컨대 자신을 따르면 놀라운 일이 생긴다는 것을, 자신을 따르는 자들 사이에서 늘 새로운 성장이 일어난다는 것을.

사도행전을 계속 읽다 보면 이처럼 놀라운 성장을 엿볼 수 있다. 종업원이 순교자가 되고, 어부가 전도자가 되고, 부유한 후원자가 핵심 지도자가 되고, 박해자가 선교사가 되는 것을 보게 된다. 한때 악명 높고 포악하기 이를 데 없던 바울이 눈에 띌 정도로 기쁨이 넘치는 사람으로 변모했다. 한때 냉담하고 공격적이었던 베드로가 눈에 띌 정도로 동정심이 넘치는 사람으로 변모했다.

예수님은 하나님 나라가 이와 같다고 늘 말씀하셨다. "밤에 자고 낮에 깨고 하는 동안에 그 씨에서 싹이 나고 자라지만, 그 사람은 어떻게 그렇게 되는지를 알지 못한다. 땅은 열매를 저절로 맺게 하는데, 처음에는 싹을 내고, 그 다음에는 이삭을 내고, 또 그 다음에는 이삭의 알찬 낟알을 낸다"(막 4:27-28). 하나님 나라는 이와 같다고 예수님은 말씀하셨다. 그분의 나라는 성장이 일어나는 곳이다.

어떤 종류의 성장인가? 놀라운 성장이다. 예수님은 하나님 나라가 세상에 있는 어떤 씨앗보다 작지만 심고 나면 자라서 어떤 나무보다 큰 나무와 같다고 말씀하셨다(막 4:30-32). 이렇게 말해 보자. 이제 놀랄 준비를 하라.

예수님은 자신을 따르면 희생을 치르게 될 것을 또한 아셨다.

사도행전을 계속 읽다 보면 아브람과 한나와 나머지 사람들이 오랫동안 '모든 사람들의 호감을 사지' 못했음을 알게 될 것이다. 머지않아 예수님을 따르는 사람들은 심한 박해를 받았다. 회개하고 믿었지만 희생이 따르기 시작했다. 그것도 엄청난 희생이. 대다수가 놀림감이 되고 조롱당할 터였다. 많은 사람들이 고문당하고 순교할 터였다.

예수님은 늘 말씀하셨다. 자신을 따르면 그렇게 될 것이라고. 엄청난 희생을 치르게 될 것이라고. "세상이 너희를 미워하거든, 세상이 너희보다 먼저 나를 미워하였다는 것을 알아라. 너희가 세상에 속하였더라면, 세상이 너희를 자기 사람이라고 하여 사랑했을 것이다. 그러나 너희는 세상에 속하지 않고, 도리어 내가 너희를 세상에서 가려 뽑았으므로, 세상이 너희를 미워한다. 내가 너희에게, 종이 주인보다 높지 않다고 한 말을 기억하여라. 사람들이 나를 박해했으면 너희도 박해할 것이요"(요 15:18-20).

예수님을 따르는 것은 놀라운 일이다. 그것은 대가를 요구한다. 하지만 결국 그만한 가치가 있다.

사도행전을 쭉 읽다 보면 예수님을 따르는 일은 의심할 여지없이, 기쁘게도 그만한 가치가 있다는 인상을 받게 된다. 베드로는 예수님 이야기를 전했다는 이유로 체포되자 조금도 주저하지 않았고, 더욱 담대한 마음을 갖게 해 달라고 하나님께 간청한다(행 4:29). 스데반은 그리스도인이라는 이유로 돌에 맞아 죽게 되지만 예수님을 부인하지 않는다. 오히려 마지막 숨을 거둘 때까지 흔들림 없이 사도들의 가르침에 헌신하고 하늘을 우러러 기도한다(행 7장). 아브람과 한나와 나머지 사람들은 예루살렘에서 도망쳐야 했을 때 도망자 신세를 한탄하지 않는다. 오히려 줄기차게 예수님을 따르면서 어디를 가든 예수님 이야기를 계속 전한다(행 8:1). 바울은 돌에 맞고 성 밖으로 끌려나가 거의 죽게 되었을 때 예수님을 따르기로 한 자신의 선택이 잘못된 것이 아닐까 의심하지 않는다. 오히려 그는 벌떡 일어나서 먼지를 훌훌 털고 다시 성 안으로 뚜벅뚜벅 걸어 들어간다(행 14:19).

그만한 가치가 있다. 예수님도 입만 열면 그렇게 말씀하셨다. "하늘 나라는 마치 밭에 숨겨 놓은 보물과 같다. 사람이 그것을 발견하면, 제자리에 숨겨 두고, 기뻐하면서 집에 돌아가서는, 가진 것을 다 팔아서 그 밭을 산다"(마 13:44).

그것을 얻기 위해 모든 대가를 치러야 할 것이다. 하지만 의심할 여지없이 기쁘게도 그렇게 할 만한 가치가 있다.

못다 한 우리의 이야기

나 역시 예수님을 따르는 이 모험이 놀랍고 희생이 따르며 그만한 가치가 확실히 있음을 깨달았다. 예수님을 따르기 전의 나는 길 위에 있었다. 어디론가 가고 있었다. 그 어딘가는 지금의 내가 있는 곳이 아니었다. 지금 서 있는 이 곳이 있는 줄조차 몰랐다!

내가 내기를 좋아하는 사람이라면 내 자신이 쓸쓸하고 비통한 사람이 되었을 것이라는 데 돈을 걸었을 것이다. 아니면 꺽 해야 자기혐오의 그물에 갇혀 옴짝달싹 못한 채 중독의 비탈(어느 비탈인지 당신도 하나 골라 보라)에서 미끄러지는 고뇌하는 예술가가 되었을 것이다. 내 돈은 (누군지도 잘 모르는) 사생아를 기르는 데, 실의의 흔적을 뒤로 남기는 데, 고뇌에 차서 이리저리 방랑하는 데 쓰였을 것이다. 나라건 거기에 돈을 걸었을 게 분명하다.

그러다가 나는 예수님을 따르게 되었다. 이전의 삶을 떨쳐 버리고 예수님을 나의 왕으로 모시면서 내 발은 이제 더러워졌다. 나는 거듭났다. 이처럼 거듭나면서 상상조차 할 수 없었던 곳에 다다랐다.

내가 평안한 가운데 하나님의 더없는 사랑을 받고 있다고 확신하는 사람이 될 줄 누가 상상이나 할 수 있었을까? 내가 마음이 평온한 사람이 될 줄 누가 상상이나 할 수 있었을까? (돈을 쓰는 것은 말할 것도 없거니와) 내 삶과 나의 주방 식탁에서 덧지고 너저분한 사람을 그처럼 많이 만나게 될 줄 어찌 짐작이나 할 수 있었으랴. 지난 10년 동안 행복하고 즐겁고 의미 있는 결혼 생활을 하거나, 아버지가 되거나, 그 어느 것에도 중독되지 않으리라고 어찌 믿을 수 있었으랴. 대체 어느 누가 짐작이나 할 수 있었으랴.

시간이 지나면서 예수님은 나를 거듭 깜짝깜짝 놀라게 하셨다. 이 과정에서 내가 깨달은 사실이 있다. 그것은 내가 회심하는 동안 새로운 나라에 태어났다는 사실이다. 예수님이 왕이고 내가 용서받는 나라. 경치가 다르고, 색채가 다르고, 지평선이 다르고, 여기 저기서 감탄을 연발하게 하는 나라 말이다. 예수님은 자신을 따르면 하나님 나라가 그와 같을 거라고 말씀하셨다. 실로 겨자씨 같은 나라.

당신 자신의 못다 한 이야기로 들어갈 때 거듭난 사람으로 그렇게 하라. 당신이 거듭나 들어가게 된 이 새로운 나라에서 다음에 무엇이 생길까 궁금해하는 어린아이처럼 말이다. 당신이 성장해 어떤 사람이 될지 누구도 말할 수 없다.

나는 지금 아내가 셋째 아이 출산을 몇 주 남겨 둔 시점에서 이 글을 마무리하고 있다. 아내 웬디는 지금 출산이라는, 저 위대하고 아름다운 무대에 다시 들어섰다. 나는 종종 아내 배 위에 손을 얹고 태아의 움직임을 느껴 본다. 아내의 뱃속에 저 작은 생명이 들어 있다는 게 신기하기만 하다.

웬디가 고래고래 소리지르기 시작하고 우리가 탄생이라는 절대적 경이로움으로 인도받게 될 낮(혹은 밤)이 어서 오기를 손꼽아 기다린다. 그러는 동안 나는 자리에 앉아 탄생에 대해 생각하고, 이 책을 손에 든 당신을 위해 에베소서 1:18-19의 말씀으로 기도한다.

여러분의 마음의 눈을 밝혀 주시기를 빕니다. 그리하여 하나님께서 여러분을 부르셔서 여러분에게 주신 그 소망이 무엇인지, 하나님께서 성도들에게 주신 상속의 영광이 얼마나 풍성한지, 하나님께서 우리 믿는 사람에게 강한 힘으로 활동하시는 그 능력이 얼마나 큰지를, 여러분이 알게 되기를 바랍니다.

이제 우리가 할 일은?
교회에 주는 질문

앞의 각 장에서 나는 새로운 그리스도인들과, 예수님에 대한 호기심이 있는 군중 가운데 있는 사람들에게 가장 적절한 질문을 던졌다. 그리고 각 장의 끝에 "이제 내가 할 일은?"이라는 항목을 마련하여 그들로 하여금 사도행전 2장의 내용에 대해 진지하면서도 유익하게 생각할 수 있게 하였다.

그러나 호기심을 잃지 않는 사람들 또는 확신에 차 있는 사람들과 동행하면서 그들을 도우려는 목적으로 이 책을 읽는 사람들도 있으리라 생각된다. 만일 당신이 여기에 해당된다면 기쁜 소식을 하나 전한다. 사도행전 2장을 천천히 음미한다면 당신 또한 적지 않은 유익을 얻게 될 것이다. 이 책이 특별히 당신을 염두에 두고 쓰였다고는 말하지 않겠다.

하지만 내 생각에 사도행전 2장의 각 항목에서 당신이 제기할 수 있는 가장 유익한 질문이 몇 가지 있다는 사실만은 강조하고 싶다.

이 모든 질문이 누구에게나 유익할 것이라고는 생각하지 않는다. 바라건대, 당신이 무언가 의미 있고 유익한 성찰을 할 수 있게 해주는 질문을 각 장에서 적어도 하나쯤은 찾을 수 있었으면 한다. 이 질문을 각 장에 들어 있는 "이제 내가 할 일은?"을 대체할 수 있는 것으로 생각하라.

1장 행동: 당시 무슨 일이 일어났는가?
- 호기심에 차 있는 사람들에게 우리 교회가 들려주는 전반적인 메시지는 무엇인가?
- 우리는 예수님 이야기의 여러 부분들이 적절히 균형을 이루게 하는가?
- 만일 우리가 어느 한 쪽으로 치우쳐 있다면 그것은 어느 부분인가? (예를 들어 몇몇 교회는 기독교 변증 문제라면 만사 제쳐놓고 다루지만 예수님 이야기의 자초지종은 설득력 있게 들려주지 않는다. 이에 반해 거대 담론에 강한 어떤 교회들은 예수님 이야기를 독창적이고 신선하며 설득력 있게 들려주지만 소명에 대해서는 입도 뻥긋하지 않는다.)
- 우리는 회심에 이르는 각 단계의 중요성을 인식하는가?

2장 소동: 술에 취한 겁니까?

- 우리는 호기심에 차 있는 사람들이 우리 자신과 우리의 믿음에 관해 던지는 질문에 어떻게 답하는가?
- 우리는 그들의 질문이 과연 무엇인지 확실히 파악하고 있는가? 아니면 지레 **짐작하는가**? (이같이 지레 짐작 하다 보면 어느 누구도 제기하지 않는 질문에 답하느라 많은 시간과 에너지를 낭비하게 될 것이다.)
- 우리는 이 질문들이 과연 무엇인지 어떻게 알 수 있는가? 그리고 우리는 그들이 이해하는 언어로 어떻게 답하는가?
- 우리 중에서 호기심에 차 있는 어떤 사람이 거리낌 없이 질문할 수 있는 곳은 어디인가?
- 그러한 질문이 제기하는 일을 지금보다 효과적으로 해결할 수 있는 방법이 있는가?

3장 이야기: 처음부터 다시 시작할 수 있는가?

- 예수님은 우리가 매주 들려주는 이야기의 중심인가?
- 우리가 더 진보된 방식으로 예수님 이야기를 들려줄 수 있는 방법은 무엇인가?
- 우리는 지금 '사람들에게', 말하자면 그들이 이해할 수 있는 언어로 예수님 이야기를 들려주고 있는가? 아무튼 우리의 청중은 **누구이며**, 그들이 사용하는

언어와 문화는 어떤 특징을 드러내는가?
- 예배 혹은 연구에 대한 준비(실행에 옮기고 준비하고 조정하는 데 쏟는 시간)는 예배 혹은 연구에 대한 기도(하나님이 찾아오셔서 사람들 마음이 찔림을 받게 해 달라고 간청하는 데 쏟는 시간)와 어떻게 비교되는가?

4장 부르심: 어디에 가입할 것인가?

- 우리의 교회 생활이나 사역에서, 예수님의 제자가 된다는 것이 어떤 의미인지를 사람들이 구체적이면서도 분명하게 들을 수 있는 곳이 있는가?
- 우리는 사람들에게 믿음을 가지라고 촉구하고 있는가? 우리는 사람들에게 하나님 나라에 들어갈 수 있도록 구체적이면서도 분명한 행동을 취하라고 촉구하고 있는가?
- 우리는 베드로가 아주 명쾌하게 말하는 세 가지 요소 하나하나에 대해 분명히 언급하는가? 그것은 사람들은 무엇을 해야 하는가, 그들이 행동을 취한다면 어떤 일이 일어날까 그리고 사람들이 행동을 취할 때 하나님은 어떤 역할을 하시는가? 우리는 이 셋 중 어느 하나 혹은 둘에 쉽사리 초점을 맞추는가? 우리는 셋 중 어느 하나를 쉽사리 무시하는가?
- 우리 교회는 정기적으로 세례에 관한 설교를 하고, 사람들에게 세례를 베푸는가?

5장 사도들의 가르침: 이천 년 동안 계속된 귓속말 잇기

- (예를 들어, 지난 여섯 달 동안) 당신이 어떻게 가르쳤는지 점검하라. 그리고 무엇을 강조했는지, 무슨 주제에 관해 가르쳤고 가르치지 않았는지 요약해 보라. 그리고 이것을 신약 성경의 기본 메시지에 비추어 보고 무엇을 배울 수 있는지 확인하라. 내년에 우리가 더 많은 시간을 쏟아야 하는 영역은 어디인가? 논의 시간을 더 줄여야 할 부분은 무엇인가?
- 예수님은 우리가 일주일 단위로 가르칠 때마다 중심 인물이 되는가? 만일 그렇지 않다면 어떤 단계를 밟을 수 있는가? 우리가 무언가 지속적으로 가르칠 때 그분이 더욱더 중심 인물이 되게 하기 위해 취할 수 있는 단계는 무엇인가?
- 어쩌다 일단의 교사들과 자리를 함께하거든 이구동성으로 이렇게 질문하라. 우리가 받은 메시지를 충실하게 전하기보다는 오히려 기발하고, 창의적이며, 독특한 것을 짜 내려는 유혹은 어떻게 오는가?
- 시간이 흐르면서 더 잘 가르칠 수 있도록, 가르침에 대한 피드백을 제공할 적절한 메커니즘이 우리 교회에 있는가? 만일 그렇다면 가르침의 어느 측면—예를 들어, 성경의 전달, 내용, 사용 등—이 흔히 논의의 대상이 되는가?

6장 교제: 식탁의 영성

- 우리는 사람들이 서로 교제하도록 힘을 북돋아 주는가? 우리는 그러한 사귐이 가능하도록 제도적으로 뒷받침하고 있는가? 혹 **실현 가능성 없는** 제도를

무턱대고 쏟아 내고 있지는 않은가?
- 우리는 서로 사귀는 일에 관해 분명하게 가르치고 있는가?
- 우리 몸에서 더 자주 일어나는 일은 어느 것인가? (모두가 참여하는) 성전 교제인가, (소수의 사람들이 친밀하면서도 개인적으로 사귈 수 있는) 식탁 교제인가? 식탁 교제와 관련된 질문을 해 보자. 사람들은 어디에서 더 자주 모이는가? 교회의 탁자인가, 각 가정의 식탁인가?
- 내가 식탁에서 사귀는 대상은 누구인가? 우리 지도자들이 식탁에서 사귀는 대상은 누구인가?
- 우리 모임의 성전 교제는 얼마나 건전한가? 우리가 모두 한 자리에 모일 때 우리의 교제는 어떻게 발전할 수 있는가?

7장 성찬: 예수님 묵상하기

- 우리는 사도행전에서 보듯이 정기적으로 빵을 떼는가?
- 우리는 성찬식이 무엇인지, 왜 성찬식을 거행하는지, 어떻게 성찬식에 참여하는지에 관해 가르치는가?
- 우리는 성찬식을 베풀 때마다 예수님의 희생을 또렷하게 언급하고 기억하는가?
- 어떤 교회에서는 비효율적이고 지나치게 종교적이라는 인상을 줄 수 있어 가뭄에 콩 나듯 빵을 뗀다. 만일 당신이 그러한 교회에 출석한다면 잠시 시간을

내어 이 문제를 고찰해 보자. 예수님은 왜 우리에게 성찬식을 거행하라 하셨는가? 빵을 떼는 일은 삼천 명의 사람들에게 어떠한 것이었다고 생각하는가?

- 어떤 교회에서는 성찬을 기념하는 일—그것이 이따금 '거행하다'(celebrate) 라는 단어의 확장이기는 하지만—이 가식적이고 기계적이고 침울하고 개인적 의미가 결여된 행사로 쉽사리 전락한다. 만일 당신의 교회가 그런 경향이 강하다면 잠시 시간을 내어 사도행전 2장에 기록된 관행—집집마다 돌아가면서 순수한 마음으로 기쁘게 음식을 먹고 하나님을 찬양했다는—에 관해 곰곰 생각하면서 이 질문을 던지라. 우리는 이 성찬식을 어떻게 온전히 받아들일 (그리고 실행에 옮기는 척하지 않고 실천할) 수 있는가?

8장 기도: 하나님과 숨살임 주고받기

- 우리 몸의 기도 생활에 대해 어떤 평가를 내릴 것인가? 기도 생활을 **헌신**—훈련으로 얻는 실천인 **동시에** 기쁜 마음으로 받아들이는 행위—으로 묘사할 것인가?
- 교회 지도자들의 기도 생활을 어떻게 평가할 것인가?
- 우리가 기도를 주제로 한 성경 연구, 설교 혹은 강의를 마지막으로 제공한 때는 언제인가?
- 우리 모임에서는 기도의 형식이 매우 다양하다는 것을 널리 알리고 그렇게 하는가? 아니면 새로운 그리스도인들이 기도하는 단 하나의 **올바른** 방식으로

이제 우리가 할 일은?

여길 수 있는 한 가지 주된 방식—전례를 따르고, 목소리 높이며, 방언으로 하고, 예언적인—이 있는가?
- 어떻게 하면 사람들이 기도를 하나님과 대화하는 것으로 여기고 보여 주기 위한 기도를 유혹에 맞설 수 있도록 할 수 있는가?

옮긴이 소개

강봉재는 서울교대와 건국대 영어영문학과를 졸업했으며, 미국 오하이오대에서 언어학(M.A.)을, 감리교신학대학교에서 신학(M.Div.)을 전공하였다. 현재 서울 영동일고등학교 영어 교사로 재직중이며, 역서로는 「귀 없는 리더? 귀 있는 리더!」, 「하나님의 약속을 이루어가는 온전한 신뢰」, 「희망」(이상 IVP), 「회개」(복있는사람), 「위대한 결정」(북스코프), 「21세기의 과학과 신앙」(크리스천 헤럴드) 등이 있다.

이천년전 그들처럼

초판 발행 2008. 2. 12 | 초판 2쇄 2008. 2. 25
지은이 돈 에버츠 | 옮긴이 강봉재
펴낸이 김중안 | 책임편집 이혜영
발행처 한국기독학생회출판부 | 판권 ⓒ 한국기독학생회출판부 2008
등록 제9-93 호(1978. 6. 1) | 121-837 · 서울 마포구 서교동 352-18
대표 전화 02-337-2257 | 팩스 02-337-2258 | IVP Books 02-3141-5321
영업 전화 02-338-2282 | 팩스 080-915-1515
홈페이지 http://www.ivp.co.kr | E-mail ivp@ivp.co.kr
ISBN 978-89-328-2126-9